中国石油

CNPC-LH29

中国石油西南化工销售组织史资料

第二卷

（2014—2018）

中国石油西南化工销售分公司人力资源部｜编

石油工業出版社

图书在版编目（CIP）数据

中国石油西南化工销售组织史资料．第二卷，2014
-2018 / 中国石油西南化工销售分公司人力资源部编．-- 北京 ：
石油工业出版社，2025. 5. -- ISBN 978-7-5183-7509-7

Ⅰ．F426.22

中国国家版本馆 CIP 数据核字第 2025E7S547 号

中国石油西南化工销售组织史资料　第二卷（2014—2018）

中国石油西南化工销售分公司人力资源部　编

项目统筹：冀宇飞　李廷璐

图书统筹：李廷璐

责任编辑：鲁　恒

责任校对：刘晓雪

出版发行：石油工业出版社

（北京市朝阳区安华里 2 区 1 号楼　100011）

网　址：www.petropub.com

编辑部：（010）62067197　64523611

图书营销中心：（010）64523731　64523633

印　　刷：北京中石油彩色印刷有限责任公司

2025 年 5 月第 1 版　2025 年 5 月第 1 次印刷

787×1092 毫米　开本：1/16　印张：9.75

字数：154 千字

定价：128.00 元

ISBN 978-7-5183-7509-7

9 787518 375097 >

《中国石油西南化工销售组织史资料.第二卷. 2014—2018》编审委员会

《中国石油西南化工销售组织史资料.第二卷.2014—2018》编纂人员名单

编纂工作领导小组

组　　长：孙克栋

副 组 长：刘丽华　马　健　蒋浩波　徐晓炜　刘国强
陈效军　杨明辉　薛喆磊

编纂办公室

主　　任：脱继庆

成　　员：温云飞　廖良成

编纂工作组

组　　长：朱新华

成　　员：王淞宁　何　晨　陈　琰　徐旌翔　吴海燕
董　辉　曹耀武　弓雨熙

前　言

《中国石油西南化工销售组织史资料．第二卷．2014—2018》采用编年体和纪事本末体相结合的方式，较为全面、系统、客观、准确地记录了西南化工销售分公司2014年至2018年的发展历程。在编撰过程中，按照“广征、核准、精编、严审”的工作方针，以档案、文件为依据，认真梳理组织发展脉络，全面总结企业发展成就，反复斟酌，数易其稿，形成系统翔实的组织史资料。

2014年以来，西南化工销售分公司整合中国石油在西南地区的化工销售资源和网络，畅通资源渠道，开发区域市场，挖掘潜在客户，依托股份公司产销研一体化技术平台，不断开发新产品市场，先后与石油化工研究院、四川大学及大庆石化、大庆炼化、兰州石化、独山子石化等炼化生产企业开展合作，完成医用聚烯烃专用料、ABS空调专用料色差等十几个新产品的立项及开发工作，科技成果转化推广成效显著，产品结构不断完善，主销品种涵盖合成树脂、合成橡胶、合成纤维、有机化工等多个门类200多个牌号。销售收入稳步增长，各项指标逐年向好。2014—2018年，实现销量1266.2万吨，销售收入882.7亿元。2016年至2018年，累计经营创效9.62亿元，吨产品利润110元。固体产品月均库存从近10万吨降为6.5万吨，存货周转从18天降到9.5天，累计挖潜增效达2.5亿元。跻身四川省50强企业行列。

光阴荏苒、岁月如梭。全体员工在奋斗、探索的历程中，始终秉承中国石油“奉献能源、创造和谐”的企业宗旨，积极践行“以实立人、和谐致远、共同发展”的核心价值观，以“建设国内一流的化工专业营销公司”为发展愿景，凝心聚力、阔步前行，实现跨越式发展。取得的一系列成就，无不凝聚着全体干部员工的辛勤与汗水，彰显西南化工销售锐意进取、创新发展的智慧和脚踏实地、真抓实干的求实精神。西南化工销售分公司的发展历程，为中国石油的发展建设谱写了绚丽篇章。西南化工销售组织史资料的编纂出版，不仅为公司积淀了宝贵的精神财富，还对企业“资政、存史、育人、交流”发挥积极作用。通过了解企业发展历程，激发干部员工对化工营销事业的热爱和对美好未来的憧憬，以更加坚实的步伐，携手同行，再铸辉煌，朝着更高的目标努力奋进。

2020 年 8 月

凡　例

一、本书按照中国石油天然气集团有限公司印发的《〈中国石油组织史资料〉编纂工作方案》《〈中国石油组织史资料〉编纂技术规范》进行编纂。

二、指导思想及原则方针。本书以马列主义、毛泽东思想、邓小平理论、“三个代表”重要思想、科学发展观、习近平新时代中国特色社会主义思想为指导，坚持实事求是的原则和“广征、核准、精编、严审”八字工作方针，全面客观记述西南化工销售分公司的历史沿革、人员更迭、生产经营等情况。

三、断限。本书收录上限始自 2014 年 1 月 1 日，下限断至 2018 年 12 月 31 日。

四、指代。本书中“集团公司”泛指中国石油天然气集团公司、中国石油天然气集团有限公司；“股份公司”指代中国石油天然气股份有限公司；“化工与销售西南分公司”指代中国石油天然气股份有限公司化工与销售西南分公司；“西南化工销售分公司”指代中国石油天然气股份有限公司西南化工销售分公司。

五、资料收录范围。本书收录的资料主要包括组织机构沿革及领导成员名录；组织人事统计资料、附录附表资料；组织人事大事纪要。

组织机构收录范围主要是依据行政隶属关系和股权管理确定，主要包括机关部门、所属二级单位。

领导成员收录范围主要按照干部管理权限确定，主要包括西南化工销售分公司领导班子成员；机关部门、所属二级单位领导成员，具体收录到西南化工销售分公司管理的副科级及以上干部。

附录附表资料主要收录组织机构名录、主要生产经营情况、员工队伍结构情况、历年党组织、党员人数及相关荣誉。

组织人事大事纪要主要收录机构调整、干部任免、企业改革等重要事件的时间、决定机关、依据文件、主要内容或结果等。

六、资料的编纂原则。党、政组织机构较详，其他组织机构较略；西南化工销售分公司组织机构较详，所属单位组织机构较略；组织机构及领导成员较详，其他资料较略。

七、编纂结构体例。本书以西南化工销售分公司领导机构、机关部门、所属二级单位、党工团组织、附录、组织人事大事纪要分立六章。

第一章至第五章章下设节，组织人事大事纪要分年度列条目编排。

八、资料编排。本书采用文字叙述、组织机构及领导人员名录、图表相结合的编纂体例进行资料编排。

（一）文字叙述的编排。文字叙述采取编年体和纪事本末体编纂相结合的记述方式，主要记述该时期组织机构的基本简况、沿革变化及历史背景，在经营管理、党的建设、企业文化建设中采取的重大决策、重要措施和取得的主要成绩等内容。

（二）组织机构的编排顺序。一般按机构成立时间先后顺序排列；成立时间相同的，以文件中的顺序排列；领导机构按党委、行政、纪委、工会依次编排。

（三）领导名录的编排顺序。一般按先正职后副职和任职时间先后的顺序排列；同时任职的，按任职文件中的顺序排列；一人兼任多职的，按不同职务序列名称分别排列；除上级领导兼任下级职务或任免文件中明确规定兼任的同一班子内的平级职务，如“安全总监”标注“兼任”外，其他一人兼任多职一般不标注“兼任”。

本书领导名录编排顺序不代表班子成员实际排序。

九、本书收录的领导人员资料包括职务（含兼职）、姓名、女性性别、少数民族族别、任职起止年月等人事状况。明确为女性、少数民族，以及兼任、主持工作，领导人员实际行政级别与机构规格不一致等情况的，均在任职时间括号内加备注。涉及同一人兼职、女性、少数民族等人事状况的备注，仅在本书第一次出现时加注。

十、组织机构设立和撤销时间，以上级管理部门正式下发的文件或机构正式运行时间为准。

十一、领导人员任离职时间，均以干部主管部门任免文件为准，档案资料与本人实际履职时间不一致的，按实际情况描述。无免职文件的，以下列情况之一作为自然免职或离职时间：机构撤销时间，新的领导人接替时间，副职升为正职时间，随机构名称变更而职务变化的时间。

十二、本书入编机构。主要为集团公司人事部门文件批准设立的组织机构，其他各种临时机构、虚设机构、领导小组、委员会等非常设机构均未收录。

十三、本书一律使用规范的简化字。采用公历纪年，年代、年、月、日和记数、计量、百分比均用阿拉伯数字。表示概数或用数字构成的专用名词用汉字数字。货币单位除特指外，均指人民币。

十四、本书收录的资料，仅反映组织机构沿革、领导成员更迭变动和干部队伍发展变化的历史，不作为机构和干部职级待遇的依据。

十五、本书原始资料来源：西南化工销售分公司档案文书资料，所属二级单位征集上报资料，历年文件选编、会议材料、工作总结、统计报表等。由于收录的资料涉及内容广，难免出现错漏和误差，有待匡正。

目　　录

综　述

西南化工销售分公司前身是化工与销售西南分公司。2001 年 12 月，股份公司为推进化工产品销售体系整合，统一组织化工产品销售，撤销化工与销售西北分公司，组建化工与销售西南分公司，机构规格正处级，业务上由化工与销售分公司归口管理。2002 年 1 月，化工与销售西南分公司在四川省成都市挂牌成立，办公地点在四川省成都市顺城大街 206 号四川国际大厦。党组织关系隶属股份公司化工与销售分公司党委。2008 年 12 月，化工与销售西南分公司更名为中国石油天然气股份有限公司西南化工销售分公司，机构规格副局级，行政上由股份公司直接管理，业务上由炼油与化工分公司归口管理。党组织关系隶属四川省国资委党委。2010 年 6 月，办公地点从四川国际大厦迁至成都市金牛区金科南路 1 号黑格中心。

2014 年 1 月，西南化工销售分公司主要负责四川、陕西、云南、贵州、湖南、重庆“五省一市”的化工产品统销工作。2017 年，根据股份公司要求，为助推地方招商引资，增加区域市场容量，西南化工销售分公司成功打开西藏市场，负责的化工产品统销工作也相应调整为“五省一市一自治区”。2018 年 12 月，按照炼油与化工分公司要求，陕西分公司整建制划归西北化工销售分公司，相应区域化工产品统销责任一并移交，西南化工销售分公司分管化工产品统销工作的责任区域调整为“四省一市一自治区”。在此基础上，还负责区域内四川石化、云南石化的化工产品调运业务，经营合成树脂、合成橡胶、工程塑料、有机化工等四大类近 200 个牌号的化工产品。

一、建立与“专业化管理、区域化销售”相配套的组织机构

随着国家“四个全面”战略布局的逐步提出和深入推进，社会主义市场经济不断深入和完善，市场在资源配置中的决定性作用更加突出，对国有企业全面深化改革提出了新的要求，特别是如何结合实际建立起与市场更加

匹配的组织机构，成为国企改革发展的重要课题和重点任务。西南化工销售分公司按照上级精神积极探索市场化模式，以服务销售经营管理不偏移为重点，紧紧围绕“专业化管理、区域化销售”模式，敢于打破管理界限，将相近职能的业务处室进行专业化重组，探索推进以地区分公司组织形式深化区域销售。在推进的过程中，坚持以市场为核心，以效益为中心，管理上突出高效优化，不断激发内生动力。

2014 年 4 月，成立业务五处，有力保障四川石化液体产品市场投放、顺畅销售。9 月，湖南分公司、贵州分公司机构规格调整为副处级，湘贵地区化工销售发展规模进一步扩大。11 月，结合新增四川石化产品销售、调运业务职能的实际情况，仓储运输处更名为仓储处，规划计划处更名为计划调运处，调运及自备车管理职能划转至计划调运处，实现产品买断、调运、销售一体化管理和各区域库房的专业化管理。

2015 年 6 月，公路运输业务由计划调运处调整至仓储处，有效提升公路运输和配送业务工作效率、管理质量和服务水平。

2016 年 11 月，成立安宁调运部，提前为云南石化开工做好组织保障。12 月，彭州分公司更名为彭州调运部。

2017 年 6 月，将计划调运处拆分为规划计划处和调运处，成立结算处，机构规格均为副处级。撤销业务四处、业务五处。

2018 年 10 月，陕西分公司划归西北化工销售分公司管理，2018 年 12 月 31 日完成工作交接。

二、建设一流化工专业营销公司

2014 年到 2018 年，是西南化工销售分公司发展历史上具有里程碑意义的 5 年。西南化工销售分公司发展目标更加清晰，“专业化管理、区域化销售”模式逐步建立，营销网络和销售渠道不断优化，物流仓储全面升级，年销量、销售收入、利润、上缴税费、大客户数量、销售品种都有了大幅度增长，市场占有率、产品直销率、单位商品盈利能力、销售创效能力等主要经济技术指标保持国内同行业一流水平，实现“十二五”顺利收官、“十三五”稳步推进。

2014年，西南化工销售分公司把推广四川石化产品作为重点方向，坚持“提质提效提素、做强做精做优”的总体策略。3月24日全面启动四川石化化工产品销售发运工作，推介顺丁胶30多家次、通过贵州轮胎股份有限公司等5家企业认证，合计销售四川石化固体产品43.4万吨；液体业务从零起步，克服了“组织新、人员少、质量波动”等难题，先后与69家客户签订供货协议，销售液体及硫磺[①]56.9万吨。

2015年，面对低油价严峻挑战和同质化激烈竞争，西南化工销售分公司以营销要点为纲，严格落实“低库存运作、购销平衡”要求，首要保障四川石化后路畅通，精准研判市场，狠抓流向优化，坚持大量价与小量价相配合，均衡销售、顺势销售与择机销售相结合，推进调运仓储效率持续提升，强化销售全流程算账和计划执行监督考核，牢固树立“赢在终端”理念，全年销量219.6万吨，首次突破200万吨大关，销售收入141亿元，利润1.52亿元。

2016年，结合党的十八届五中全会确定的创新、协调、绿色、开放、共享五大发展理念，以及中央经济工作会议“推进供给侧结构性改革”的重大部署，西南化工销售分公司坚持把创新作为引领发展的第一动力，积极贯彻去产能、去库存、去杠杆、降成本、补短板的“三去一降一补”任务，深入落实集团公司有效发展炼化与销售业务的新要求，在市场波动和煤化工竞争的双重影响下，将“大销量、低库存”作为整体策略，提出“区内区外兼修并重，固体液体比翼齐飞”的营销方向，和巩固一批高效客户、抢夺一批重点客户、开发一批潜在客户、培育一批新增客户的“四个一批”客户开发方向，在扎实推进四川石化产品就地销售的基础上，将客户开发量化指标纳入所属二级单位考核体系，协调推进资源配置、产品结构、调运仓储“三个优化”，精准运用“四张表”促进财务决策和销售导航，深化对标分析和价格管控，利用橡胶、管材料两个专题会为用户提供技术服务，着力打造川渝销售主市场，提前做好云南石化开工产品直销、外销准备，在重庆申报设立大连商品交易所期货交割库，全年销量256.3万吨，销售收入161.1亿元，实现利润4.4亿元，销量增长、利润总额和吨利润等主要指标均位居炼化板

① “硫磺”同“硫黄”，企业惯称“硫磺”。

块化工销售大区公司第一。

2017 年，云南石化开工，带来了新的发展机遇。西南化工销售分公司坚持把销量增长作为引领发展的“牛鼻子”，在原有坚定实施大销量、低库存策略的基础上，又将快周转策略列为其中，资源配置形成大宗资源保川渝、特色资源向高效地区配置的机制，同时建立重点客户资源保障清单，突出抓好终端客户、大宗品种、高效产品销售，推动资源属地化优势转化为增量优势，全年销量 301.8 万吨，首次突破 300 万吨，销售收入 207.1 亿元，实现利润 3.4 亿元。区域化销售方面，按照一地一策、因厂施策、定制销售的原则，制定“川渝坚持提高份额、做大做实，云贵坚持量效并重、做精做优，陕湘坚持稳中求进、做专做细”的发展战略。采用“地毯式”走访、“过筛子”排查方式，紧盯下游终端大厂、标志性企业，努力增加终端客户数量和销量；下沉营销重心，强化前沿销售，组织业务人员出“城”入“市”，变坐商为行商；坚持每月两次资源需求对接会制度，加强与用户、生产企业、板块“三个对接”，努力争取适销对路资源，实现重点生产厂资源买断目标；积极开展与竞争对手、集团公司其他化工销售企业和公司内部三个层面的对标，多维度分析“量价存”① 等影响因素，及时调整价格和营销策略，不断提高对标比价管理水平。全年新开发终端 30 家，直销率达到 66%，价格到位率 100.32%，市场占有率保持在 55% 左右。专门成立云南石化产品调运销售工作领导小组和开工保运组，建立保运协调机制和例会制度，协调解决各种问题，共计销售云南石化产品 16.1 万吨。

2018 年，随着国家加快“一带一路”建设，集团公司做出炼化业务转型升级工作部署，云南石化产能逐步释放、四川石化扩能改造，西南化工销售分公司进入跨越发展机遇期、终端开发攻坚期、转型升级关键期。站在历史节点上，公司深入贯彻党的十九大精神，转换发展动能，将高质量发展作为总体战略，将创建国内一流化工专业营销公司作为阶段性目标，全面落实集团公司对标分析和化工营销研讨会精神，先后开展“找差距、理思路、定措施”和“问题与对策”专题研讨，提出要打好就地销售、终端开发、转型升级“三大攻坚战”，缩短销售半径、提高就地销售比例，深化

① “量价存”：销量、价格、库存。

“四个一批”“两轮驱动”① 工作，制定《高新专产品三年推广实施方案》，推行“四个精准”② 管理，全年销量313.2万吨，取得“两年换字头”的一流成绩。“高、新、专”产品销量达到84万吨、超计划6.9万吨，占橡塑产品总销量的57.2%，其中医用料销量达到3.1万吨；直销率100.5%、价格到位率100.55%，在炼油与化工分公司化工销售企业综合考核排名第一。

三、干部队伍建设、员工管理和薪酬体系改革

着力强化两级班子建设。严格执行“三重一大”决策制度，确保做到依法决策、集体决策、民主决策和科学决策。贯彻集团公司党组《关于进一步加强企业领导班子建设的若干意见》，严格组织程序和组织纪律，稳妥实施人事制度改革，打破地域、业务界限开展干部交流，提供竞争性选拔平台，基层班子结构进一步改善。先后修订完善《领导干部退出岗位暂行办法》《中层管理人员问责实施办法》《西南化工销售公司中层干部管理暂行规定》《西南化工销售公司中层干部选拔任用工作规范》等制度，依靠制度加强干部选拔使用全过程管理，配齐配强各单位领导班子，增强领导班子整体功能，切实提升两级班子引领发展的能力。健全干部考核评价管理体系，规范干部履职考核工作，拓展年度履职考核结果应用范围，扎实开展以述职述廉、履职测评、“一报告两评议”为主要内容的领导班子成员考核工作，对领导班子成员思想、工作、作风等方面的情况进行民主评议，强化班子成员和中层管理人员个人事项申报工作，规范处级干部出国（境）证件集中管理及发放程序，切实做到真管真严、常管常严，有效强化干部监督。完善年轻干部选拔培养、管理使用机制，加大优秀年轻干部选拔使用力度，兼顾不同年龄段员工职业发展，确保干部队伍结构合理、接替有序。

不断提升员工管理水平。结合企业经营中心任务，重点充实销售、调运、仓储管理类专业人员。结合企业职能划转及组织机构调整实际情况，优化、调整重点岗位，持续开展人力资源优化配置工作。建立员工岗位变动电子档案，梳理员工岗位变化情况，为后续开展岗位交流、岗位轮换工作提供

① 两轮驱动：原有终端增量、新增终端增量。
② 四个精准：深化市场精准研判、深化财务精准导航、深化对标精准提升、深化挖潜精准增效。

支持。扎实开展一般管理人员年度测评工作，设计并实施以员工互评、部门评价、组织谈话为一体的一般管理人员年度考核机制，通过互评、自评等手段客观了解一般管理人员年度履职情况，帮助员工查找问题与不足，切实掌握员工思想动态，为储备优秀管理人才奠定坚实基础。积极争取合理用工编制和员工定员计划，根据云南石化开工的实际，向集团公司报送《关于增加云南分公司人员编制的请示》，取得新增用工编制；从提升内部经营管理效能的角度，在认真做好毕业生选聘工作的基础上，通过在系统内引进专业人才、聘用市场化人员两种方式，合理优化内部人力资源，确保满足企业发展需要。及时选送业务骨干参加集团公司各类培训班，组织各单位举办专业性培训，先后与华北化工销售分公司等单位联合举办中层干部能力素质提升培训班，坚持对党支部书记、委员进行轮训，采取“机关对基层、基层去机关、基层到基层”三种方式适时组织开展内部岗位交流互学，不断提升干部员工综合素质。探索尝试机关一般管理人员岗位公开选聘、职称评选委托评审等工作，特别重新规范了高级职称委托评审推荐评委构成，严格推荐组织程序，切实达到公平公正、依法合规目标，有效激发各级管理人员认真学习、踏实工作的热情。

持续推进薪酬分配体系改革。按照“全面考核、突出业绩，动态管理、注重过程，科学分配、兼顾公平，责权统一、逐级分解”的原则，逐步形成以利润为中心、以指标为导向、以考核为抓手、以奖惩为动力的统一、科学、规范的考核体系，形成“重业绩、讲回报、强激励、硬约束”的工作机制，较好地发挥业绩考核的导向作用。通过优化 KPI 考核指标，调整单项考核项目，将全员绩效考核体系覆盖面从合同化、市场化用工延伸到劳务用工人员，切实建立起以目标管理及 360 度评价为主体的全员绩效考核体系。充分评估利润、投资、成本等指标对薪酬总额影响，通过数据模拟形成利润指标完成值最优区间，同时采取参考上年度薪酬发放情况调研测算年度薪酬的方式，制定年度薪酬分配方案及相关调整方案，确保薪酬分配平稳有序。2017 年对薪酬分配制度进行改革，将市场化与合同化员工职级聘任和薪酬管理并轨运行，按集团公司标准和职级聘任结果重新核定市场化员工固定薪酬，并执行岗位工资晋档，稳步缩小两类用工收入差距。综合考虑基层一线、贡献大小、工作地点等因素，重新明确各所属二级单位、调运部变动薪酬倾斜奖励额度。2018年通过推行“资源分配考虑流通费、绩效考核剔除流通费”的双轨制评价方案，实现利润考核更为定量化、精准化；采取“谁考核、谁提报”的考核核算方式，制定职能部门考核评价办法，在进一步突出职能部门作用的同时，有效规避考核平均化问题；建立考核结果双向反馈机制，进一步拓宽信息交流渠道。

四、党的建设和企业文化建设

扎实推进全面从严治党向基层延伸。召开第一次党员代表大会，会议讨论通过“两委”工作报告，以差额投票方式选举产生中共中国石油西南化工销售分公司第一届委员会委员和纪律检查委员会委员。认真学习贯彻党的十八大、党的十九大精神，以习近平新时代中国特色社会主义思想为指导，扎实开展党的群众路线教育实践活动、“三严三实”专题教育、“两学一做”学习教育，围绕经营管理任务认真推进“四同步、四对接”，认真落实“三重一大”决策制度，积极发挥党委“把方向、管大局、保落实”作用。持续完善制度体系建设，成立党建工作领导小组，编制完善《党建工作责任制实施办法》《领导班子成员基层党建联系制度》等15项管理规定。开展党支部书记现场述职，推进标准化党支部达标建设、实现基层党内巡察全覆盖，将评价结果作为关键指标纳入考核体系，切实发挥党支部战斗堡垒作用。探索推广在销售、财务、调运等多个岗位设立“党员示范岗”“党员攻坚组”“党员责任区”，进一步推进党建与业务深度融合，充分发挥党员先锋模范作用。深化党建信息平台应用，实现把组织建在网上、党员连在线上。严把发展党员入口关，保质保量为党组织提供新鲜血液。落实中央八项规定精神，发挥巡察“利剑”作用，实现所属二级单位、调运部党内巡察全覆盖，净化政治生态的举措和效果，得到中央巡视工作领导小组办公室和集团公司党组领导的肯定。

推动思想政治工作和企业文化建设再上新台阶。认真履行意识形态工作责任制，扎实组织开展“形势、目标、任务、责任”主题教育，围绕“新时代、新使命、新作为”“奋进高质量发展新征程”等主题开展宣讲教育，充分利用《西南化工销售报》、网页、宣传栏、微信公众号等媒体强化舆论引导，进一步唱响主旋律，传递正能量。持续开展“凝心聚力塑造形象”主题活动，突出领导干部这个“关键”、推进发展这个“主题”、化解矛盾这个“根本”和引领文化这个“灵魂”，正面引导人情入理，思想工作如沐春风，好事实事温暖人心。积极推进企业文化体系构建，大力弘扬石油精神和大庆精神铁人精神，推进基层文化实践，建成企业文化展厅，拍摄企业形象宣传片，修订《企业文化手册》，开展先进典型的选树和表彰，全面提振员工投身企业改革发展的精气神。

第一章　领导机构

西南化工销售分公司前身是化工与销售西南分公司。2001 年 12 月，撤销化工与销售西北分公司，组建化工与销售西南分公司，机构规格正处级，业务上由化工与销售分公司归口管理。2008 年 12 月，化工与销售西南分公司更名为中国石油天然气股份有限公司西南化工销售分公司，机构规格副局级，行政上由股份公司直接管理，业务上由炼油与化工分公司归口管理。党组织关系隶属四川省国资委党委。

截至 2014 年 1 月 1 日，西南化工销售分公司党政领导班子由 5 人组成：杨继胜任党委副书记、总经理，陈长青任党委书记、副总经理、纪委书记、工会主席，刘丽华任党委委员、副总经理、总会计师，马健任党委委员、副总经理、安全总监，蒋浩波任党委委员、副总经理。领导班子成员分工如下：

党委副书记、总经理杨继胜主持行政全面工作，分管总经理办公室、人事处、审计监察处。

党委书记、副总经理、纪委书记、工会主席陈长青主持党委、纪委、工会全面工作，分管党委办公室、党委组织部、党群工作处、纪委办公室。

党委委员、副总经理、总会计师刘丽华负责财务管理、价格管理和市场信息工作，分管财务处、市场信息与价格处、企管法规处。

党委委员、副总经理、安全总监马健负责计划调运、仓储配送和安全管理工作，分管仓储运输处、规划计划处、质量安全环保处。

党委委员、副总经理蒋浩波负责销售以及技术服务工作，分管技术服务处、业务一处、业务二处、业务三处、业务四处。

2015 年 1 月，经研究并商得中共四川省委同意，集团公司党组决定：免去陈长青的西南化工销售分公司党委书记、委员职务，退休。股份公司决定：免去陈长青的西南化工销售分公司纪委书记、工会主席、副总经理职务。

2015 年 9 月，股份公司决定：徐晓炜任西南化工销售分公司党委委员、纪委书记。

2015 年 12 月，经研究并商得中共四川省委同意，集团公司党组决定：杨继胜任西南化工销售分公司党委书记、工会主席，孙克栋任西南化工销售分公司党委委员、副书记。股份公司决定：孙克栋任西南化工销售分公司总经理（正局级）；杨继胜任西南化工销售分公司副总经理，免去其总经理职务。

2016 年 1 月，对领导班子成员分工进行调整：

党委副书记、总经理孙克栋负责行政全面工作，分管总经理办公室、人事处、企业文化处、审计监察处。

党委书记、副总经理、工会主席杨继胜负责党委和工会全面工作，分管党委办公室、党委组织部、党群工作处。

党委委员、副总经理、总会计师刘丽华负责财务管理、价格管理、信息系统建设以及内控体系建设工作，分管财务处、市场信息与价格处、企管法规处。

党委委员、副总经理、安全总监马健负责发展规划、质量安全环保、仓储运输以及计划管理工作，分管计划调运处、仓储处、质量安全环保处、彭州调运分公司。

党委委员、副总经理蒋浩波负责销售业务、市场开拓、技术服务以及产品质量工作，分管业务一处、业务二处、业务三处、业务四处、业务五处、技术服务处。

党委委员、纪委书记徐晓炜负责纪委工作，分管纪委办公室，协管审计监察处。

2016 年 12 月，杨继胜被行政撤职；2017 年 1 月，被撤销党内职务。

2016 年 12 月，经研究并商得中共四川省委同意，集团公司党组决定：孙克栋任西南化工销售分公司党委书记。

2017 年 5 月 25 日至 26 日，中共西南化工销售分公司第一次代表大会在成都召开，88 名党员代表参加会议。会议选举产生中共西南化工销售分公司第一届委员会，由马健、孙克栋、刘丽华、徐晓炜、蒋浩波等 5 人组成（以姓氏笔画为序），孙克栋为党委书记。选举产生中共西南化工销售分公司纪律检查委员会，由 5 人组成，徐晓炜为纪委书记。西南化工销售分公司党委下属基层党委 1 个，党支部 15 个，共有党员 159 人。

2018 年 9 月，集团公司印发《关于推行企业和领导人员岗位分级分类管理的意见》，明确西南化工销售分公司为一级三类企业。

2018 年 10 月，经研究并商得中共四川省委同意，集团公司党组决定：刘国强任西南化工销售分公司党委委员。股份公司决定：刘国强任西南化工销售分公司副总经理。

2018 年 11 月，调整领导班子成员分工：

党委书记、总经理孙克栋负责党政全面工作，分管总经理办公室（党委办公室）、人事处（党委组织部）、审计监察处。

党委委员、副总经理、总会计师刘丽华负责财务管理、价格管理、信息系统管理等工作，分管财务处、市场信息与价格处、结算处。

党委委员、副总经理、安全总监马健负责质量安全环保、调运、仓储等工作，分管质量安全环保处、调运处、仓储处。

党委委员、副总经理蒋浩波负责销售业务、技术服务等工作，分管业务一处、业务二处、业务三处、技术服务处。

党委委员、纪委书记徐晓炜负责纪委、宣传、群团等工作，分管纪委办公室、党群工作处（企业文化处），协管审计监察处、机关党委。

党委委员、副总经理刘国强负责规划计划、企管法规、扩销业务等工作，分管规划计划处、企管法规处。

截至 2018 年 12 月 31 日，西南化工销售分公司党政领导班子由 6 人组成：孙克栋任党委书记、总经理，刘丽华任党委委员、副总经理、总会计师，马健任党委委员、副总经理、安全总监，蒋浩波任党委委员、副总经理，徐晓炜任党委委员、纪委书记，刘国强任党委委员、副总经理。领导班子成员分工自 2018 年 11 月以来未调整。

第一节　党委（2014.1—2018.12）

截至2014年1月1日，西南化工销售分公司党委由5人组成：陈长青任党委书记，杨继胜任党委副书记，刘丽华、马健、蒋浩波任党委委员。

2015年1月，经研究并商得中共四川省委同意，集团公司党组决定：免去陈长青的西南化工销售分公司党委书记、委员职务，退休。

2015年9月，股份公司决定：徐晓炜任西南化工销售分公司党委委员。

2015年12月，经研究并商得中共四川省委同意，集团公司党组决定：杨继胜任西南化工销售分公司党委书记，孙克栋任西南化工销售分公司党委委员、副书记。

2016年12月，经研究并商得中共四川省委同意，集团公司党组决定：孙克栋任西南化工销售分公司党委书记。

2017年1月，杨继胜被撤销党内职务。

2017年5月25日至26日，中共西南化工销售分公司第一次代表大会在成都召开，88名党员代表参加会议。会议选举产生中共西南化工销售分公司第一届委员会，由马健、孙克栋、刘丽华、徐晓炜、蒋浩波等5人组成（以姓氏笔画为序），孙克栋为党委书记。西南化工销售分公司党委下属基层党委1个，党支部15个，共有党员159人。

2018年10月，经研究并商得中共四川省委同意，集团公司党组决定：刘国强任西南化工销售分公司党委委员。

截至2018年12月31日，西南化工销售分公司党委由6人组成：孙克栋任党委书记，刘丽华、马健、蒋浩波、徐晓炜、刘国强任党委委员。

书　　记　陈长青（2014.1—2015.1）①
杨继胜（2015.12—2016.12）②
孙克栋（2016.12—2018.12）

① 2015年1月，陈长青退休。2015年1月至12月期间，西南化工销售分公司党委书记空缺。

② 2016年12月，杨继胜被行政撤职；2017年1月，被撤销党内职务。

副书记　杨继胜（2014.1—2015.12）
　　　　孙克栋（2015.12—2016.12）
委　员　陈长青（2014.1—2015.1）
　　　　杨继胜（2014.1—2016.12）
　　　　刘丽华（女，2014.1—2018.12）
　　　　马　健（2014.1—2018.12）
　　　　蒋浩波（2014.1—2018.12）
　　　　徐晓炜（2015.9—2018.12）
　　　　孙克栋（2015.12—2018.12）
　　　　刘国强（2018.10—12）

第二节　行政领导机构（2014.1—2018.12）

截至2014年1月1日，西南化工销售分公司行政领导班子由5人组成：杨继胜任总经理，陈长青、刘丽华、马健、蒋浩波任副总经理，刘丽华任总会计师，马健兼任安全总监。

2015年1月，经研究并商得中共四川省委同意，股份公司决定：免去陈长青的西南化工销售分公司副总经理职务，退休。

2015年12月，经研究并商得中共四川省委同意，股份公司决定：孙克栋任西南化工销售分公司总经理（正局级）；杨继胜任西南化工销售分公司副总经理，免去其总经理职务。

2016年12月，杨继胜被行政撤职。

2018年10月，经研究并商得中共四川省委同意，股份公司决定：刘国强任西南化工销售分公司副总经理。

截至2018年12月31日，西南化工销售分公司行政领导班子由5人组成：孙克栋任总经理，刘丽华、马健、蒋浩波、刘国强任副总经理，刘丽华任总会计师，马健兼任安全总监。

截至2014年1月1日，西南化工销售分公司有总经理助理2人：任仕菊、马晓玲任总经理助理。

2015 年 11 月，西南化工销售分公司决定：陈效军、杨明辉任总经理助理，免去任仕菊、马晓玲的总经理助理职务。

截至 2018 年 12 月 31 日，陈效军、杨明辉任总经理助理。

一、西南化工销售分公司行政领导名录（2014.1—2018.12）

总　经　理　杨继胜（2014.1—2015.12）
　　孙克栋（正局级，2015.12—2018.12）
副总经理　陈长青（2014.1—2015.1）
　　刘丽华（2014.1—2018.12）
　　马　健（2014.1—2018.12）
　　蒋浩波（2014.1—2018.12）
　　杨继胜（2015.12—2016.12）
　　刘国强（2018.10—12）
总会计师　刘丽华（2014.1—2018.12）
安全总监　马　健（兼任，2014.1—2018.12）

二、西南化工销售分公司总经理助理名录（2014.1—2018.12）

总经理助理　任仕菊（女，2014.1—2015.11）
　　马晓玲（女，2014.1—2015.11）
　　陈效军（2015.11—2018.12）
　　杨明辉（2015.11—2018.12）

第三节　纪委（2014.1—2018.12）

截至 2014 年 1 月 1 日，西南化工销售分公司纪委由 7 人组成：陈长青任纪委书记。

2015 年 1 月，经研究并商得中共四川省委同意，股份公司决定：免去陈长青的西南化工销售分公司纪委书记职务。

2015 年 9 月，股份公司决定：徐晓炜任西南化工销售分公司纪委书记。

2017 年 5 月 25 日至 26 日，中共西南化工销售分公司第一次代表大会在成都召开，88 名党员代表参加会议。会议选举产生中共西南化工销售分公司纪律检查委员会，由 5 人组成，徐晓炜为纪委书记。

书　　记　陈长青（2014.1—2015.1）①
　　　　　徐晓炜（2015.9—2018.12）
委　　员　陈长青（2014.1—2015.1）
　　　　　蒋浩波（2014.1—2017.5）
　　　　　邱永君（审计监察处〈纪委办公室〉处长〈主任〉，2014.1—2017.5）
　　　　　陈效军（总经理助理，2014.1—2018.12）
　　　　　陆伟文（直属机关党委书记，2014.1—2018.12）
　　　　　马晓玲（总经理助理，2014.1—2018.12）②
　　　　　任仕菊（总经理助理，2014.1—2018.12）
　　　　　徐晓炜（2015.9—2018.12）
　　　　　脱继庆（人事处〈党委组织部〉处长〈部长〉，2017.5—2018.12）
　　　　　李雪源（审计监察处〈纪委办公室〉处长〈主任〉，2017.5—2018.12）

第四节　工会（2014.1—2018.12）

截至 2014 年 1 月 1 日，西南化工销售分公司工会委员会由 5 人组成：陈长青任工会主席，廖良任工会副主席，张雯、第海涛、李雪源任委员。共有工会会员 267 名。

2015 年 1 月，股份公司决定：免去陈长青的西南化工销售分公司工会主席职务，退休。

2015 年 12 月，经研究并商得中共四川省委同意，集团公司党组决定：杨继胜任西南化工销售分公司工会主席。

① 2015 年 1 月至 9 月期间，西南化工销售分公司纪委书记空缺。

② 2015 年 11 月，马晓玲、任仕菊退出领导岗位，期间纪委未换届。

2016 年 12 月，杨继胜被行政撤职。

2017 年 8 月，西南化工销售分公司对基层工会组织进行调整，成立机关第六工会委员会和安宁调运部工会委员会。

截至 2018 年 12 月 31 日，西南化工销售分公司工会由 4 人组成：廖良成任工会副主席。

主　　席　陈长青（2014.1—2015.1）[①]
　　　　　　杨继胜（2015.12—2016.12）
副 主 席　廖良成（党群工作处〈企业文化处〉处长，2014.1—2018.12）
委　　员　张　雯（女，财务处副处长，2014.1—2018.12）
　　　　　　第海涛（彭州调运部副经理，2014.1—2018.12）
　　　　　　李雪源（审计监察处〈纪委办公室〉处长〈主任〉，2014.1—2018.12）

① 2015 年 1 月至 12 月、2016 年 12 月至 2018 年 12 月期间，西南化工销售分公司工会主席空缺。

第二章　机关部门

截至 2014 年 1 月 1 日，西南化工销售分公司设机关处室 14 个，其中职能处室 8 个：总经理办公室（党委办公室）、规划计划处、人事处（党委组织部）、财务处、党群工作处（企业文化处）、企管法规处（质量安全环保处）、审计监察处（纪委办公室）、市场信息与价格处；业务处室 6 个：仓储运输处、业务一处、业务二处、业务三处、业务四处、技术服务处。

2014 年 4 月，西南化工销售分公司决定，组建业务五处，机构规格副处级。11 月，为进一步优化公司调运业务流程，强化“产、运、销”计划制定、监督、执行的准确性，提升管理运行效率，满足经营管理工作需要，西南化工销售分公司决定，将仓储运输处的调运业务和自备车管理职能划归规划计划处，规划计划处更名为计划调运处，仓储运输处更名为仓储处。

2017 年 6 月，西南化工销售分公司决定，计划调运处拆分为规划计划处和调运处，成立结算处，机构规格均为副处级；撤销业务四处、业务五处。

截至 2018 年 12 月 31 日，西南化工销售分公司设机关处室 15 个，其中职能处室 8 个：总经理办公室（党委办公室）、规划计划处、财务处、市场信息与价格处、人事处（党委组织部）、企管法规处（质量安全环保处）、审计监察处（纪委办公室）、党群工作处（企业文化处）；业务处室 7 个：业务一处、业务二处、业务三处、调运处、仓储处、技术服务处、结算处。

第一节　总经理办公室（党委办公室）（2014.1—2018.12）

总经理办公室（党委办公室）是西南化工销售分公司的综合协调办事机构，前身是化工与销售西南分公司综合部；2009 年 6 月，设立西南化工销售分公司总经理办公室（党委办公室），机构规格副处级。

主要职责：负责公司行政、党委日常事务；负责接待服务、对外联络、外事管理、综合治理、信访、维稳、印信、档案、保密和后勤管理等工作。

截至2014年1月1日，总经理办公室（党委办公室）设主任1人，副主任2人，内设秘书（文字、信息、督查等）、文书、档案、综合管理等岗位。在册员工11人。党组织关系隶属机关一支部，共有党员8人。总经理办公室（党委办公室）共有领导3人：陈效军任主任，负责全面工作；赵景洪任副主任，分管文秘、文书、会务相关管理工作；第海涛任副主任，分管综合、后勤相关管理工作。

2014年4月，西南化工销售分公司决定，将设在总经理办公室（党委办公室）的新闻办公室机构和职能划归党群工作处（企业文化处）。

2014年11月，西南化工销售分公司决定：董均任总经理办公室副主任，免去第海涛的总经理办公室副主任职务。西南化工销售分公司党委决定：董均任党委办公室副主任；免去第海涛兼任的党委办公室副主任职务。

2014年，总经理办公室（党委办公室）累计完成公司级重要文稿60余篇，起草公文、函件及各类会议纪要70余期，起草综合调研报告2篇。向集团公司总值班室、中国石油内网报送信息30期，采用26篇。累计编制综合督办9期、专项督办3期，督办事项共计400余项。加强战时值守和综合联动，妥善应对处置“4·30”重庆江顺公司液体转储泄漏事故。修订完善西南化工销售分公司《接待管理办法》，组织、承办各类大型会议和重要接待100批次。档案管理从D级单位升级到B级。细化单车核算，全年节约费用23760元，实现82万千米安全行车无事故，3.1万人次安全就餐。获得2014年度集团公司密码工作先进集体，2014年度公司安全先进集体。

2015年，总经理办公室（党委办公室）起草公文、函件及各类会议纪要70余期，建立汇报材料文本和PPT模板，提高材料质量和工作效率。坚持严格把关、规范行文，累计完成公文办理1100余件，公文退办率和差错率为零，发文同比减少8%。举办重要会议87场次、视频会议41场次；累计报送信息9期，采用5篇，位居化工销售企业前列。累计发送督办单41期，编制通报15期、督办层次化机制进一步完善。获得2015年度公司安全先进集体，2015年公司先进党支部。

2015年11月，西南化工销售分公司决定：陈效军任总经理助理，仍担任总经理（党委办公室）主任职务。

截至2015年12月31日，总经理办公室（党委办公室）设主任1人，副主任2人，内设秘书（文字、信息、督查等）、文书、档案、综合管理等岗位，在册员工9人。本科以上学历6人；高级职称2人，中级职称4人；党组织关系隶属机关一支部，党员8人。总经理办公室（党委办公室）共有领导3人：陈效军任主任，负责全面工作；赵景洪任副主任，分管文秘、文书、会务相关管理工作；董均任副主任，分管综合、后勤相关管理工作。

2016年，总经理办公室（党委办公室）累计完成公司级重要文稿60余篇，起草公文、函件及各类会议纪要70余期，累计完成公文办理1363件，完成公司工作会议等重要会议28场次。持续深化保密工作，修订完善保密管理等3项制度，细化形成商业秘密分级目录，全年无失泄密事件发生。档案年鉴管理规范有序，有序开展2015年度档案收集归档工作，编撰公司2015年度《年鉴》。严格控制各类费用，业务接待费同比下降34%，食堂费用同比下降20%，车辆维修费同比下降4%，机关油料费用同比下降39%。实现机关24万千米安全行车无事故，2.7万人次卫生就餐。获得2016年度公司安全工作先进集体。

2017年3月，西南化工销售分公司决定：陆伟文任总经理办公室主任；免去陈效军兼任的总经理办公室主任职务；免去董均的总经理办公室副主任职务，调重庆分公司工作。西南化工销售分公司党委决定：陆伟文任党委办公室主任；免去陈效军兼任的党委办公室主任职务；免去董均的党委办公室副主任职务。

2017年4月，西南化工销售分公司决定：梁东任总经理办公室副主任。西南化工销售分公司党委决定：梁东任党委办公室副主任。

2017年11月，西南化工销售分公司决定：温云飞任总经理办公室主任；免去陆伟文的总经理办公室主任职务，调直属机关党委工作。西南化工销售分公司党委决定：温云飞任党委办公室主任，免去陆伟文的党委办公室主任职务。

2017年，总经理办公室（党委办公室）累计完成文稿50余篇，起草公文、函件及各类会议纪要70余期。完成职工代表大会等各类会议20多场次。全年编报《西南化工销售公司信息》20期，采用5篇。职工食堂接待比例同比提高10%以上，发生业务接待费同比下降了34%。车辆维修费用48万，同比下降4%；油料费51万，同比下降39%。公司差旅费267万，同比下降12%。实现20多万千米安全行车无事故，2万人次在食堂安全清洁卫生就餐。获得集团公司办公室系统先进集体，2017年度公司安全工作先进集体，2017年公司先进党支部。

2018年，总经理办公室（党委办公室）跟随领导调研走访上下游企业51余次，共起草重要工作报告、总结、汇报等文件材料12余件。实现2018年企事业单位公文报送“无退文、零通报”。大胆改革督查督办工作，创新周经营例会重点工作督办形式，全年共督查督办720项，完成率近100%。向集团公司报送信息17条，被采用5条。驾驶员数量由年初11人缩减至6人，人均工作量由40小时/月上升至100小时/月。加强会议组织管理，共召开会议481次，同比减少161场次，降幅25%，会议费较预算减少57万元。全年接待访客568余人，同比增幅35%，人均成本同比降幅23%。累计员工就餐人次同比增加1760人。

截至2018年12月31日，总经理办公室（党委办公室）设主任1人，副主任2人，内设文秘（文字、信息、督查等）、文书、档案、综合管理等岗位，在册员工8人；本科及以上学历6人，高级职称3人，中级职称2人；党组织关系隶属机关一支部，共有党员6人。总经理办公室（党委办公室）共有领导3人：温云飞任主任，负责全面工作；赵景洪任副主任，分管综合、会务、后勤相关管理工作；梁东任副主任，分管文秘、文书、档案相关管理工作。

一、总经理办公室（党委办公室）领导名录（2014.1—2018.12）

主　　任　陈效军（2014.1—2015.11；兼任，2015.11—2017.3）

陆伟文（2017.3—11）[①]

温云飞（2017.11—2018.12）

副 主 任　赵景洪（2014.1—2018.12）

第海涛（回族，2014.1—11）[②]

---

① 2017年11月，陆伟文调任直属机关党委书记。

② 2014年11月，第海涛继续担任彭州调运部副经理。

董　均（2014.11—2017.3）[①]

梁　东（2017.4—2018.12）

二、总经理办公室（党委办公室）其他管理人员名录（2014.1—2018.12）

高级主管　侯春丽（女，2017.7—2018.12）

主　　管　梁　东（2014.1—2017.3）

侯春丽（2014.1—2017.7）

刘圣江（2014.1—2017.4）

阎丽霞（女，2014.1—2018.12）

第二节　规划计划处—计划调运处—规划计划处（2014.1—2018.12）

规划计划处前身是化工与销售西南分公司储运部、管理部。2002 年 1 月，成立化工与销售西南分公司储运部。2004 年 4 月，将化工与销售西南分公司储运部机构及业务划转至化工与销售西北分公司。2006 年，将化工与销售西北分公司储运业务划入化工与销售西南分公司，该业务由管理部负责。2009 年 6 月，成立西南化工销售分公司规划计划处，机构规格副处级。

主要职责：负责公司发展规划、年度投资、产品需求计划和销售计划编制；负责对计划执行情况进行监督、检查、分析、调整和考核；负责客户动态管理和考核；负责公司工程项目管理、综合统计、经营活动分析、电商管理等。

截至 2014 年 1 月 1 日，规划计划处设处长 1 人，副处长 1 人，内设计划管理、项目管理、规划投资管理、客户管理、统计、结算等岗位。在册员工 8 人。党组织关系隶属机关五支部，共有党员 5 人。规划计划处共有领导 2 人：杨瑛任处长，负责处室总体工作，分管投资规划、项目管理、统计；董彦飞任副处长，负责统销资源配置买断、计划管理、客户管理、销售结算等管理工作。全年统销化工产品买断 107.5 万吨，销售 108.4 万吨，年度统

① 2017 年 3 月，董均调任重庆分公司副经理。

销产品购销量率100.8%；扩销产品累计采购40.59万吨，销售37.82万吨，扩销购销率93%；全年统销、扩销合计采购148.1万吨，销售146.23万吨，总购销率98.7%，月均销量达到12.2万吨。

2014年3月，四川石化线性低密度聚乙烯装置开车成功，使得西南区域化工产品资源大幅攀升。

2014年3月，西南化工销售分公司决定：郭锋任规划计划处处长；免去杨瑛的规划计划处处长职务，调市场信息与价格处工作。

2014年11月，西南化工销售分公司决定，将仓储运输处负责的产品调运及自备车管理职能划入规划计划处，并将规划计划处更名为计划调运处。机构调整后，处室在册员工18人，其中，处长1人，副处长2人，员工15人。党组织关系仍然隶属机关五支部，共有党员11人。同月，西南化工销售分公司决定：王少华任计划调运处副处长。12月，重庆仓储中心自建库投入运营。

2014年，计划调运处统销固体产品累计买断118.11万吨，销售115.81万吨，累计购销率98.1%。统销液体及硫磺累计买断58.72万吨，累计销售56.86万吨，累计购销率96.8%。统销固体液体累计买断176.83万吨，累计销售172.67万吨，累计购销率97.6%。统销扩销合计，2014年扩销销售2.8万吨，公司统销扩销全年合计销量为175.5万吨。

2015年4月，西南化工销售分公司决定，将计划调运处公路产品运输管理职能划归到仓储处。10月，公司与中铁快运签订四川石化化工产品运输战略协议，四川石化固体产品全部实现批量快运，降低公司运营成本。

2015年，买断统销化工产品220.3万吨，实现销售219.6万吨，累计购销率99.7%。其中，销售四川石化产品162.3万吨，占总量的74%；全年共调运四川石化各类统销化工产品221.46万吨，调运计划完成率100%，买断调出率100%，重点运输计划完成率100%。连续两年获得公司先进集体，董彦飞获得2015年度集团公司规划计划工作先进个人。

2016年，买断统销产品253.1万吨，实现统销销售256.3万吨，累计统销产品购销率为101.3%，销量同比增加36.7万吨，增幅17%。其中，买断四川石化产品198万吨，就地销售比例达到75%。

2017年6月，西南化工销售分公司决定，撤销计划调运处，成立规划计划处。董彦飞任规划计划处副处长（主持工作），王少华任规划计划处副处长；免去郭锋的计划调运处处长职务，调调运处工作。

2017 年 10 月，西南化工销售分公司党委决定：董彦飞任规划计划处处长。领导分工随之调整：处长董彦飞主要负责投资规划、项目管理、客户管理、统计分析及处室总体管理工作；副处长王少华负责统销资源配置买断、计划管理、产销衔接等管理工作。

2017 年，买断统销产品 302.8 万吨，实现统销销售 301.7 万吨，累计统销产品购销率为 99.6%，销量同比增加 45.4 万吨，增幅 18%。其中，买断四川石化产品 225 万吨，就地销售比例达到 81%。获得成都市青羊区统计局 2017 年度商贸统计工作批发和零售业先进单位奖；获得集团公司规划计划部“十三五”统计工作先进单位；董彦飞、李婷婷获得集团公司规划计划“十三五”统计工作先进个人。

2018 年，固体产品买断 146.19 万吨，销售 146.76 万吨，购销率 100.4%，年末库存 4.49 万吨。液体及硫磺：买断 165.41 万吨，销售 166.35 万吨，购销率 100.6%，年末库存 3.08 万吨。公司总计买断 311.6 万吨，销售 313.11 万吨，购销率 100.5%，年末总库存 7.56 万吨，较年初下降 1.53 万吨，其中固体减少 0.53 万吨，液体减少 1 万吨。2018 年销量同比增加 11.4 万吨，增幅 3.8%，固体减少 3.6 万吨，液体增加 15 万吨。

截至 2018 年 12 月 31 日，规划计划处设处长 1 人，副处长 1 人，计划管理、投资管理、客户管理、统计分析等岗位，在册员工 5 人。本科及以上学历 5 人，高级职称 1 人，中级职称 4 人；党组织关系隶属机关五支部，共有党员 4 人；工会隶属机关第五工会。规划计划处共有领导 2 人：董彦飞任处长，王少华任副处长。获得成都市青羊区统计局 2017 年度商贸统计工作批发和零售业先进单位奖。

一、规划计划处（2014.1—11；2017.6—2018.12）

（一）规划计划处领导名录（2014.1—11；2017.6—2018.12）

处　　长　杨　瑛（女，2014.1—3）[①]

　　　　　　郭　锋（2014.3—11）

① 2014 年 3 月，杨瑛调任市场信息与价格处处长。

董彦飞（2017.10—2018.12）

副　处　长　董彦飞（2014.1—11；主持工作，2017.6—10）

王少华（2017.6—2018.12）

（二）规划计划处其他管理人员名录（2014.1—2014.11；2017.6—2018.12）

高级主管　廖子莹（女，2017.7—2018.10）

主　　管　张　萍（女，2014.1—2014.11）

刘　艳（女，2017.7—2018.12）

王会川（2014.1—2014.11）

廖子莹（2014.1—2014.11）

二、计划调运处（2014.11—2017.6）

（一）计划调运处领导名录（2014.11—2017.6）

处　　长　郭　锋（2014.11—2017.6）

副　处　长　董彦飞（2014.11—2017.6）

王少华（2014.11—2017.6）

（二）计划调运处其他管理人员名录（2014.11—2017.6）

高级主管　廖子莹（2014.1—2017.6）

主　　管　张　萍（2014.11—2015.2）

王会川（2014.11—2017.6）

白　伟（女，2014.11—2017.6）

贾　崇（2014.11—2015.12）

陈　娇（女，2015.7—2017.6）

第三节　人事处（党委组织部）（2014.1—2018.12）

人事处（党委组织部）前身是化工与销售西南分公司综合部。2002 年 9 月，成立化工与销售西南分公司综合部。2009 年 6 月，成立人事处（党委组织部），机构规格副处级。

主要职责：负责公司党组织建设、干部管理、劳动组织、业绩考核、薪酬保险、人才队伍建设、员工教育培训、人事档案管理等。

截至2014年1月1日，人事处（党委组织部）设处长（部长）1人，副处长（副部长）1人，内设干部管理、劳动组织、薪酬保险、信息档案、培训综合等岗位，在册员工6人，共有党员6人。人事处（党委组织部）共有领导2人：陆伟文任处长（部长），负责处室全面工作；脱继庆任副处长（副部长），负责党建、干部管理，并协助处长做好其他工作。

2014年，人事处（党委组织部）组织开展中层干部年度考核及后备干部推荐工作，累计谈话220人次，查阅资料150余份。累计调整中层干部18人，其中提拔干部7人。累计引进专业化人才4人，新接收应届毕业生16人，市场化聘用10人，劳务派遣引入7人；岗位调整15人，岗位交流10人次。组织开展中层干部上讲台20人次。陆伟文获集团公司"'十二五'员工培训先进工作者"；付阳获得公司2014年度"优秀共青团干部""优秀共产党员"；朱新华获得公司2014年度"先进个人"。5月，携手华北化工销售公司组织举办首期化工销售企业干部培训班，组织26名中层干部及业务骨干赴广州培训中心学习。7月，组织20余名新入职员工及青年业务骨干赴四川石化倒班学习。8月，关于成立补充医疗保险管理委员会和企业年金管理委员会。11月，根据工作需要对调运业务职能及机构进行调整，修订《西南化工销售公司员工薪酬管理办法》。12月，组织开展"庸懒散浮拖"问题专项整治工作。

2015年，人事处（党委组织部）组织开展中层干部年度考核及后备干部推荐工作，累计谈话170人次，查阅资料50余份。调整中层干部9人，提拔干部6人。引进专业化人才6人，市场化聘用12人；岗位调整9人，岗位交流72人次。组织开展培训累计665人次，累计组织136人次参加不同专业的应知应会知识考试，累计办理230人次保险理赔业务，理赔金额160万元。向巡视组提供各类人事劳资基础资料57份，编写完成《中国石油西南化工销售组织史资料（2001—2013）》。付阳获得公司2015年度"优秀共产党员"；朱新华获得公司"2015年度安全工作先进个人"。1月，配合集团公司开展以述职述廉、履职测评、"一报告两评议"为主要内容的领导班子及成员年度考核工作；协助集团公司完成公司领导班子成员和中层管理人员个人事项申报。2月，成立退休工作管理委员会，出台《西南化工销售公司退休工作管理办法》。3月，组织开展中层干部年度考核及后备干部推荐和一般管理人员年度考核工作；印发《西南化工销售公司领导干部退出领导岗位管理暂行办法》。5月，明确各处室及分公司管理职能和主要职责。9月，全力配合集团公司巡视及巡视问题整改工作。10月，修订西南化工销售分公司《岗位说明书》。12月，印发《西南化工销售公司干部管理暂行规定》。

2016年，人事处（党委组织部）组织开展中层干部年度考核及后备干部推荐工作调整中层干部10人。组织开展两委换届材料100余份，配合巡视回头看整理报告及数据100余份。深化体制改革形成11项专题，组织开展培训累计326人次，累计组织276人次参加不同专业的应知应会知识考试。朱新华获得“公司2016年度安全工作先进个人”。3月，组织开展一般管理人员年度考核工作。5月，印发《西南化工销售公司各处室及分公司管理职能和主要职责》。11月，成立公司职称改革工作领导小组。12月，印发《中国石油西南化工销售公司党费收缴、使用和管理办法》《西南化工销售公司党委关于贯彻落实中央八项规定精神的实施细则》《西南化工销售公司中层干部选拔任用工作规范》《西南化工销售公司中层干部管理暂行规定》。

2017年3月，西南化工销售分公司决定：脱继庆任人事处处长，免去陆伟文的人事处处长职务。西南化工销售分公司党委决定：脱继庆任党委组织部部长，免去陆伟文的党委组织部部长职务。

2017年10月，西南化工销售公司决定：宋小默任人事处副处长。西南化工销售分公司决定：宋小默任党委组织部副部长。

2017年，人事处（党委组织部）组织开展中层干部年度考核及后备干部推荐工作，调整中层干部15人，提拔干部11人。调整组织机构11个，压缩编制25人，减员18人。恢复中断5年一般管理人员职级聘任工作，57名员工职级晋升。组织开展培训累计521人次。朱新华获得公司2017年度安全工作先进个人、2016—2017年度公司先进个人、中国石油组织史编纂工作先进个人；何晨获得2017年度优秀共产党员。4月，印发《中层管理人员退出领导岗位管理暂行办法》《在全体党员中开展“践行四合格四诠释，弘扬石油精神，喜迎党的十九大”岗位实践活动实施方案》。6月，印发公司组织机构和管理职能调整改革实施方案。7月，开展表彰先进党支部、优秀共产党员和优秀党务工作者的活动。9月，印发《西南化工销售公司关于结构调整中人员分流安置的实施细则》《西南化工销售公司各单位管理职能和主要职责》。《中国石油西南化工销售组织史资料》被评为优秀著作三等奖。12月，印发《西南化工销售公司一般管理人员职级聘任暂行办法》，恢复中断5年的职级聘任工作；合同化市场化薪酬体系全面并轨，实现同工同酬。组织开展学习贯彻党的十九大精神宣讲活动。

2018年，人事处（党委组织部）组织开展中层干部年度考核及后备干部推荐工作，累计谈话170人次，查阅资料50余份。调整中层干部5人，提拔干部5人。组织开展岗位评价工作，减少员工15人。组织开展培训累计4355人次，累计组织310人次参加不同专业的应知应会知识考试。3月，推行“资源分配考虑流通费、绩效考核剔除流通费”的双轨制评价方案，实现利润考核更为定量化、精准化。编制《党支部标准化工作手册》。7月，开展职级聘任工作。10月，聘请专业咨询公司做岗位评价，梳理岗位171个，评价岗位156个。12月，印发《西南化工销售公司关于构建“大党建”工作格局的实施方案》《中国石油西南化工销售公司党建工作责任制实施办法》等制度。先后举办党的十九大精神培训班和干部能力素质提升培训班。

截至2018年12月31日，人事处设处长1人、副处长1人，内设干部管理、劳动组织、薪酬保险、培训管理、党建管理、绩效考核、HR档案等岗位，在册员工5人。本科及以上学历5人，高级职称3人，中级职称2人。党组织关系隶属机关二支部，共有党员5人；工会隶属机关第二工会。人事处（党委组织部）共有领导2人：脱继庆任，负责全面工作；宋小默任副处长（副部长），分管党建和绩效考核工作。

一、人事处（党委组织部）领导名录（2014.1—2018.12）

处　长（部　长）　陆伟文（2014.1—2017.3）
　　　　　　　　　　脱继庆（2017.3—2018.12）

副处长（副部长）　脱继庆（2014.1—2017.3）
　　　　　　　　　　宋小默（女，2017.10—2018.12）

二、人事处（党委组织部）其他管理人员名录（2014.1—2018.12）

高 级 主 管 何 晨（女，2014.1—2018.12）
朱新华（2014.1—2018.12）
主 管 陈 琰（女，2014.1—2018.12）
付 阳（2017.7—10）

第四节 财务处（2014.1—2018.12）

财务处前身是化工与销售西南分公司财务部。2002 年 1 月，成立化工与销售西南分公司财务部。2009 年 6 月，成立财务处，机构规格副处级。

主要职责：负责公司的资金管理、预算管理、资产管理、税收管理、会计核算、会计报告、公司经营预测分析预警和价格监督等工作。

截至 2014 年 1 月 1 日，财务处设处长 1 人，副处长 2 人，内设资金管理兼税收、费用管理、总稽核、报表、销售核算、资产管理及在建工程、运杂费结算、采购核算、出纳、系统管理、会计档案等岗位，在册员工 16 人，共有党员 11 人。财务处共有领导 3 人：总经理助理任仕菊兼任处长，负责处室全面工作；李凡任副处长，分管财务制度、会计核算、经济活动分析等，配合处长开展各项管理工作；张雯任副处长分管资金、预算、税收、价格监督、资产、费用核算、经营业绩等工作，并配合处长开展其他工作。

2014 年 3 月，西南化工销售分公司决定：免去任仕菊兼任的财务处处长职务；明确李凡主持财务处工作。

2014 年，财务处利用国家税收政策，积极推动铁路运输货票全部更换为增值税发票，有效降低税金成本 57 万元。组织首次票据贴现工作，贴现票据 6.71 亿元，回笼资金 6.61 亿元，节约财务费用约 7 万元；全年通过顺转银行承兑汇票 1.83 亿元，节约财务费用 61 万元。配合税务主管部门顺利完成对公司的税务风险大检查，并以本次税务风险大检查为契机，建立和完善企业税收风险库，将“依法纳税、诚信经营”的理念贯彻到日常经营管理过程中。

2015 年 12 月，西南化工销售分公司决定：李凡任财务处处长。

2015 年，财务处总结完善前期票据贴现流程，进一步拓宽票据顺转渠道，加大资金运作力度。通过票据顺转、贴现方式节约财务费用约 718 万元，票据持有金额较 2014 年下降 92%，资产负债率同比下降 32.77%，保持在合理水平。建立财务负责人定期会议制度，通过定期会议加强沟通，统一认识，确保公司财务管理要求下达后执行不偏差，使财务工作上下联动，整体推进。全面打通公司银企直连代发工资的工作流程，降低资金管控风险，实现分公司与本部工资同时发放并实时到账。顺利完成配合监事会、巡视组及纪检中心等的集中检查工作，并不断完善财务管理制度，提升财务人员合规管理能力水平。

2016 年 11 月，西南化工销售分公司决定：黄红任财务处副处长。

2016 年，财务处从财务专业角度整体提升能力，成立三个专业管理小组，通过以老带新、互帮互助的方式，提升年轻员工的业务能力，极大地调动人员的积极性。配合公司新业务开展，坚持制度先行，牵头组织梳理国内信用证收取、使用的流程，并及时编制收取信用证的管理办法，保障业务的正常开展。完成云南石化开工后财务结算相关工作，进一步理顺结算和票据流转流程，建立采购、销售、运输等业务的账务设置及核算体系，确保财务结算业务高效平稳开展。

2017 年，历时半年时间完成近 700 页会计手册编写工作，全面梳理财务业务流程，进一步规范会计人员行为，确保会计业务处理依法合规。加强资金政策研究，创新资金管控措施，运用自有资金购置自备车 200 辆。结合调研情况及交割库业务实际需要拟定交割库业务的收支流程、账务设置、业务表单等，初步建立重庆期货交割库会计核算方案，确保期货交割业务顺利开展。

2018 年 9 月，西南化工销售分公司决定：杨文玲任财务处副处长；免去黄红的财务处副处长职务，退出领导岗位。

2018 年，财务处联合市场信息与价格处开展专项检查，内容涵盖资金管理、五项费用、发票规范性等方面，经检查共发现五大类问题共计 124 项，并于 5 月底前完成整改及验收工作，提升公司合规管理水平。积极应对增值税税率变化，牵头组织各项费用主管部门于 4 月 30 日前完成与 34 家服务供应商签订合同税率变更补充协议的工作，维护公司利益，累计节约支出

443.20万元。按照公司要求，完成“找差距、理思路、定措施”自查汇报材料，提出五项经营目标及五项具体措施，提升财务整体工作水平。按照集团公司司库2.0系统的整体工作安排，先后组织开展前期准备工作，完成18个账户信息初始化工作及数据补录工作，并于2018年10月15日正式上线运行司库2.0系统。

截至2018年12月31日，财务处设处长1人，副处长2人，在册员工19人。党组织关系隶属公司机关三支部，共有党员11人，财务处共有领导3人：李凡任处长，全面负责财务处各项管理工作；张雯任副处长，分管财务处预算、资金、考核等相关工作；杨文玲任副处长，负责内控及税收管理，同时负责陕西分公司财务管理工作。财务处多次荣获集团公司“财务先进工作奖”“财务资产工作先进集体”“财务报告先进单位”等荣誉，2016年荣获集团公司财务先进报告三等奖，2017年荣获公司优秀党支部，2018年获得成都市企业管理现代化创新成果一等奖。

一、财务处领导名录（2014.1—2018.12）

处　　长 任仕菊（兼任，2014.1—3）
　　　　　李　凡（女，2015.12—2018.12）
副 处 长 李　凡（2014.1—3；主持工作，2014.3—2015.12）
　　　　　张　雯（2014.1—2018.12）
　　　　　黄　红（女，2016.11—2018.9）[①]
　　　　　杨文玲（女，2018.9—12）

二、财务处其他管理人员名录（2014.1—2018.12）

高级主管 杭德强（2017.7—2018.12）
　　　　　吴　杨（女，回族，2017.7—2018.12）
主　　管 杨文玲（2014.1—2017.3）
　　　　　边艳玉（女，2014.1—2017.10）
　　　　　陈晓华（女，2014.1—2016.6）
　　　　　谢　涛（2014.1—2018.12）
　　　　　李　铜（2014.1—2018.5）

① 2018年9月，黄红退出领导岗位。

杭德强（2014.1—2017.7）
吴　杨（2014.1—2017.7）
杨商艺（2017.7—2018.3）
陈　兵（2014.1—2018.7）
程　茹（女，2014.11—2018.7）
李　勇（2017.7—2018.12）
谢　昆（女，2014.1—2015.12）
陈　惠（女，2017.12—2018.12）

第五节　党群工作处（企业文化处）（2014.1—2018.12）

党群工作处（企业文化处）前身是化工与销售西南分公司综合部。2002 年 9 月，成立化工与销售西南分公司综合部，负责公司组织政工、人事劳资、综合管理、文秘档案等工作。2009 年 6 月，成立党群工作处（企业文化处），机构规格副处级。

主要职责：负责公司党的建设、宣传教育工作、思想政治工作、企业文化建设、精神文明建设、党的统战工作、负责协调工会、共青团等群团工作和职工之家建设，履行公司维护稳定办公室的职责，负责党群日常管理工作。

截至 2014 年 1 月 1 日，党群工作处（企业文化处）设处长 1 人，副处长 1 人，内设宣传、党群、工会等岗位，在册员工 4 人，共有党员 3 人。党群工作处（企业文化处）有领导 1 人：处长廖良成负责处室全面工作。

2014 年 1 月，党群工作处（企业文化处）组织召开西南化工销售分公司 2014 年工作会议暨二届二次职工代表大会。2 月，组织召开西南化工销售分公司群众路线教育实践活动总结大会。3 月，针对党的群众路线教育实践活动中查摆的问题，牵头制定整改方案，对活动查摆问题整改情况进行多次检查。4 月，西南化工销售分公司决定，将设在总经理办公室（党委办公室）的新闻办公室职能并入党群工作处（企业文化处），具体负责日常新闻管理工作。7月，组织开展庆祝建党93周年纪念活动，组织全体党员干部开展“反四风、转作风、树形象”活动。9月，组织开展“庆国庆”羽毛球、乒乓球比赛。10月，组织开展公司第二届职工运动会。11月，组织开展“庸懒散浮拖”问题专项整治活动。

2014年，党群工作处（企业文化处）编辑印发《西南化工销售报》共12期，在公司信息门户发布各类工作信息370余条，制作专题宣传网页3期，更新时事宣传专栏10期，向《中国石油报》和集团公司新闻中心报送并刊登宣传稿件21篇。为员工子女考入大学发放助学金1.8万元，探望慰问员工及员工亲属59人（次），发放慰问金9.9万元。积极组织员工为雅安芦山地震灾区捐款，共募集赈灾资金3.21万元。机关二支部获得公司2014年度先进基层党支部；何佳获得公司2014年度先进个人。

2015年2月，党群工作处（企业文化处）组织召开西南化工销售公司2015年工作会议暨二届三次职工代表大会。3月，组织公司青年员工赴敬老院、孤儿院、社区看望孤寡老人，孤残儿童，捐赠爱心物资，资助贫困失学儿童，累计捐款捐物2万余元。湖南团支部组织青年员工开展“保护母亲河，我是湘江卫士”系列活动。5月，西南化工销售团委获得集团公司“五四红旗团委”荣誉称号。6月，组织开展“三严三实”专题教育。7月，组织开展公司庆祝建党94周年纪念活动。8月，组织开展重塑中国石油良好形象大讨论活动。11月，组织员工赴成都血液中心开展义务献血活动。

2015年，党群工作处（企业文化处）编辑印发《西南化工销售报》共12期，在公司信息门户发布各类工作信息410余条，制作专题宣传网页2期，更新时事宣传专栏10期，向《中国石油报》和集团公司新闻中心报送并刊登宣传稿件17篇。全年共发放慰问金19.7万元。对家庭困难员工组织摸底排查，对特殊困难家庭帮扶6人（次）。机关二支部被四川省国资委党委授予2015年度国有企业先进基层党组织，并被公司评为2015年度先进基层党支部。何佳获得公司2015年度优秀共产党员；董辉获得公司2015年度优秀党务工作者。

2016年2月，党群工作处（企业文化处）组织召开公司2016年工作会议暨三届一次职工代表大会。3月，组织公司各基层党支部开展民主评议党员活动。4月，按上级党委部署，在公司范围内组织开展“两学一做”学习教育。同月，组织召开公司“五四”青年大会暨“重塑形象，青春建功”交流分享会。5月，组织召开公司工会换届后首次工作会议，进一步解读和明确了工会的职能职责和公司全年群团工作的重点。5月，组织开展公司党委中心组“两学一做”专题学习。6月，邀请四川省委党校教授为公司全体党员进行“两学一做”学习教育专题辅导讲座，全面解读习近平总书记系列重要讲话精神。7月，组织公司全体党员、入党积极分子集中收看庆祝中国共产党成立95周年大会网络直播实况，收听习近平总书记在庆祝中国共产党建党95周年大会上的重要讲话。10月，组织开展基层党支部换届选举。11月，组织召开公司学习贯彻党的十八届六中全会精神暨支部工作会议。同月，组织召开公司“两学一做”学习教育专题民主评议党员工作动员视频会。

2016年，党群工作处（企业文化处）编辑印发《西南化工销售报》12期，在公司信息门户发布各类工作信息380余条，制作专题宣传网页2期，更新时事宣传专栏10期，向《中国石油报》和集团公司新闻中心报送并刊登宣传稿件16篇，共走访慰问员工及家属80人次，发放慰问金12.7万元，组织开展金秋助学活动，为考上大学的11名员工子女发放助学金3.3万元。履行社会责任，组织到社区开展慰问活动，为社区困难群众家庭送去大米、食用油等慰问物资。

2017年1月，党群工作处（企业文化处）组织召开公司2017年工作会议暨三届二次职工代表大会。3月，组织开展公司“凝心聚力、塑造形象”主题活动动员会、宣讲报告会。4月，组织公司员工在成都近郊开展春季踏青暨“凝心聚力，塑造形象”主题素质拓展活动，共计110名员工参加。5月，举行庆“五四”青年大会暨“凝心聚力，塑造形象”青春朗读者比赛活动。6月，举办贯彻落实党的十八届六中全会精神和公司第一次党代会精神培训班，55名党务工作者参加培训。7月，西南化工销售分公司决定，党群工作处（企业文化处）党建业务划入人事处（党委组织部）。同月，邀请四川大学华西医院教授为公司员工开展“情绪管理与身心健康”专题讲座。10月，组织召开“石油魂”宣讲报告会暨公司“凝心聚力，塑造形象”、岗位讲述活动工作交流会。举行以“提质增效塑形象，凝心聚力塑形象”为主题的第三届职工运动会。11月，组织召开公司党委中心组学习（扩大）会议专题学习党的十九大精神。12月，公司领导带头、相关部门负责人组成宣讲团分九组分别深入机关各部门和各基层单位报告式集中宣讲学习贯彻党的十九大精神。西南化工销售公司官方微博、微信公众号正式上线运营。

2017年，党群工作处（企业文化处）编辑印发《西南化工销售报》7期，在公司信息门户发布各类工作信息400余条，制作专题宣传网页6期，更新时事宣传专栏5期，向《中国石油报》和集团公司新闻中心报送并刊登宣传稿件24篇：听取职工代表意见，开展提合理化建议活动，将员工所提80条意见建议提交各有关部门办理，并就办理情况逐条督办落实。全年累计为员工发放慰问品、慰问金近60万元。履行社会责任，组织到社区开展慰问活动，为社区困难群众家庭送去大米、食用油等慰问物资。董辉获得公司2017年度优秀党务工作者。

2018年2月，党群工作处（企业文化处）组织召开西南化工销售公司2018年工作会议暨三届三次职工代表大会。5月，举办西南化工销售公司首届“青年先锋”颁奖典礼。组织召开西南化工销售公司“凝心聚力、塑造形象”主题活动推进会。10月，组织召开西南化工销售公司“凝心聚力、塑造形象”主题活动报告会。

2018年，党群工作处（企业文化处）编辑印发《西南化工销售报》48期，在公司信息门户发布各类工作信息700余条，制作专题宣传网页3期，更新时事宣传专栏5期，向《中国石油报》和集团公司新闻中心报送并刊登宣传稿件14篇，公司微信公众号推出专题宣传50篇，浏览量1.5万人次；6个大区公司中，新媒体影响力排名第二、微信订阅号矩阵影响力排名第一。微博宣传16篇，浏览量1.2万人次，在集团公司《中国石油网综合评估总报告（2018）》中，集团133家企事业单位内网门户网站平均得分89.05分，西南化工销售分公司得分为93.3分，综合排名第35名，获得A级单位，在化工销售六个大区公司中位列第一。全年累计发放慰问品、慰问金近12.95万元。

截至2018年12月31日，党群工作处（企业文化处）设处长1人，内设宣传、企业文化、党建管理、群团岗位，在册员工4人，共有党员4人。党群工作处（企业文化处）有领导1人：处长廖良成负责处室全面工作。本科以上学历 3 人；高级职称 1 人，中级职称 2 人。党组织关系隶属机关二支部，工会隶属机关第二工会。

一、党群工作处（企业文化处）领导名录（2014.1—2018.12）

处　　　长　廖良成（2014.1—2018.12）

二、党群工作处（企业文化处）其他管理人员名录（2014.1—2018.12）

高级主管　何　佳（女，2014.1—2018.12）

主　　　管　董　辉（女，2017.7—2018.12）

第六节　企管法规处（质量安全环保处）（2014.1—2018.12）

企管法规处（质量安全环保处）前身是 2002 年 9 月成立的化工与销售西南分公司管理部。2009 年 6 月，西南化工销售分公司决定，设企管法规处（质量安全环保处），机构规格副处级。

主要职责：负责公司企业管理与发展战略政策研究；负责公司关键业绩指标管理和考核；负责组织公司的合规管理、内部控制、法律事务、设备管理等工作；负责公司安全环保、质量计量标准化及 QHSE 体系建设工作。

截至 2014 年 1 月 1 日，企管法规处（质量安全环保处）设处长 1 人，副处长 1 人，内设企业管理、法律事务、内控管理、安全管理、制度管理、质量管理等岗位，在册员工 9 人，共有党员 8 人。企管法规处（质量安全环保处）共有领导 4 人：总经理助理马晓玲兼任企管法规处处长，负责全面工作；方跃任副处长，负责业绩考核、法律事务和合同管理、分公司管理等工作；温云飞任副处长，负责质量安全环保、内部控制体系等工作；王玉霞任副处长，负责质量安全环保体系建设工作。党组织关系隶属机关六支部。工会隶属机关第二工会。

2014 年 3 月，西南化工销售分公司决定：方跃任企管法规处（质量安全环保处）副处长（主持工作）；免去马晓玲兼任的企管法规处（质量安全环保处）处长职务。领导分工随之调整：副处长方跃主持工作，负责业绩考核、法律事务和合同管理、分公司管理等工作；副处长温云飞负责质量安全环保、内部控制体系等工作；副处长王玉霞负责质量安全环保体系建设工作。

2014 年 6 月，组织对本部及四川、重庆、云南和彭州等 4 个分公司开展内控测试。10 月，完成 2015 版内控手册修订工作。11 月，邀请集团公司安全环保专家对全体员工开展新《安全生产法》《环境保护法》宣传讲座。12 月，组织召开 2014 年内控与风险管理工作会议。

2014 年，企管法规处（质量安全环保处）开展 HSE 体系审核工作，结合检查情况及时进行整改。组织修订完善应急预案体系，涉及 1 个总体预案、12 个专项预案和现场应急处置预案。组织开展 3 次合同履行检查，抽查重点合同 300 余份。开展招标 5 次，涉及金额约计 4900 万元。内控自查发现问题 47 项，内部检查发现问题 26 项，组织对 30 项规章制度涉及的管理流程进行梳理，对 22 项制度进行集中修订，对 21 个流程的 59 个描述点和 9 个控制描述进行修订。加强利润指标差异化设置，规范控制类指标考核细则。

2015 年 1 月，西南化工销售分公司决定：免去方跃的企管法规处（质量安全环保处）副处长职务，调陕西分公司工作；副处长温云飞主持工作。领导分工随之调整：副处长温云飞负责业绩考核、法律事务和合同管理、分公司管理、质量安全环保、内部控制体系等工作；副处长王玉霞负责质量安全环保体系建设工作。

2015 年 6 月，公司质量管理体系通过北京三星九千认证中心再认证审核，并颁发质量管理体系认证证书。7 月，印发《法律风险岗位防控指引》，组织员工签订《法律风险岗位防控责任书》。9 月，组织开展内控测试。10 月，组织开展并完成 2016 版内控手册修订工作。

2015 年，企管法规处（质量安全环保处）按照“提质提效提素，改革创新发展”的要求，完成包括安全环保、规章制度、法律合同等 8 个管理领域 67 项重点工作。全部编制完成 194 个岗位的 HSE 职责。开展体系审核工作，发现问题 24 项。制修订 67 项规章制度，梳理完成 35 个业务流程，实现专项奖励 75 项次计 35.31 万元，扣罚 16 项次近 3.1 万元。准入 10 家服务商，考评合格 13 家；组织兼职合同员 73 人学习考试，开展了 9 次分公司合同、内控管理等方面的调研，合计派出21人次参加总部培训。被集团公司评定为2014年度内部控制运行杰出单位。

2016年1月，编制完成并上报2016年度公司重大风险管理报告，评价识别出化工产品储运安全风险、价格波动、诚信舞弊等10个重要风险，确定管控目标、明确管理职责、梳理出关键领域、制定管控措施，经公司内控与风险管理委员会审议通过后下发执行。8月，制定发布《安全风险防控及隐患管理实施细则》，完善风险分级防控和隐患管理的双重机制。9月，组织对本部及四川、重庆、云南和彭州等4家分公司开展内控自我测试。10月，组织开展并完成2017版内控手册修订工作。12月，组织56名人员参加四川省危化品管理知识培训和考试，并制定考试监督办法。

2016年，企管法规处（质量安全环保处）制修订公司7项安全制度；组织开展总部HSE体系量化审核。修订5个合同标准版本；开展年度内控自查及测试；完善合规平台建设；完成20个项目的招标工作；组织制定业绩考核框架，差异化业务处利润指标；解决反映比较集中的单项奖问题。完成重庆仓储中心期货交割库申报审核。

2017年4月，西南化工销售分公司决定：温云飞任企管法规处（质量安全环保处）处长，熊超任企管法规处（质量安全环保处）副处长。

2017年11月，西南化工销售分公司决定：薛喆磊任企管法规处（质量安全环保处）处长；免去温云飞的企管法规处（质量安全环保处）处长职务，调总经理办公室（党委办公室）工作。

2017年1月，编制完成并上报2017年度公司重大风险管理报告，评价识别10个重要风险，确定管控目标、明确管理职责、梳理出关键领域、制定管控措施。4月，召开内控与风险管理工作会议总结分析并安排部署2017年内控与风险管理工作，表彰先进；6月，组织对本部，四川、重庆和陕西分公司开展公司自我测试。8月，修订公司《安全管理规定》，将第三方服务商退出机制和黑名单制度纳入制度管理。10月，完成2018版内控手册修订工作。

2017年，企管法规处（质量安全环保处）完成14项安全环保重点工作；完成11个业务类别、20个招标项目，年降费8000多万元、降幅24%；开展总部制度和制度性文件清理并按照机构和职能调整，组织相关制修订制度

70 项。落实集团公司专项业务流程梳理要求，完善账务、信息、安全等业务领域流程 56 个，风险控制文档 40 个，涉及风险关键控制点 87 个。及时组织开展 2018 版内控手册修订工作，修订流程 92 个，风险控制文档 63 个，制度索引 260 余处；优化考核体系，推进全员绩效；确定简政放权 10 项业务，简化后共减少 8 个审批环节，每年减少审批超过千项次。

2018 年，企管法规处（质量安全环保处）编制发布“就地销售”等四个专项及利润“双轨制”考核方案，建立公司管理创新工作机制，发布立项 23 项。争取集团公司及地方政府的政策扶持，完成成都市总部企业申报工作。建立健全合规管理机制，组织开展全员诚信合规手册培训并签订诚信合规承诺书。完成物资采购信息化建设。建立年度合规管理专题会议制度。

截至 2018 年 12 月 31 日，企管法规处（质量安全环保处）设处长 1 人，副处长 2 人，内设法律事务、企业管理、制度管理、安全管理、质量管理等岗位，在册员工 8 人，共有党员 8 人。本科以上学历 3 人；高级职称 3 人，中级职称 5 人。共有领导 3 人：薛喆磊任处长，负责全面工作，分管质量安全环保、内部控制体系等工作；熊超任副处长，负责业绩考核、法律事务和合同管理；王玉霞任副处长，负责质量安全环保体系建设工作。党组织关系隶属机关四支部，工会隶属机关第二工会。

一、企管法规处（质量安全环保处）领导名录（2014.1—2018.12）

处　　长　马晓玲（兼任，2014.1—3）
温云飞（2017.4—11）
薛喆磊（2017.11—2018.12）

副 处 长　方　跃（2014.1—3；主持工作，2014.3—2015.1）
温云飞（2014.1—2015.1；主持工作，2015.1—2017.4）
王玉霞（女，2014.1—2018.12）
熊　超（2017.4—2018.12）

二、企管法规处（质量安全环保处）其他管理人员名录（2014.1—2018.12）

高级主管　熊　超（2014.1—2017.4）

曹耀武（2014.1—2018.12）
房巨成（2014.1—2015.1）
齐芙蓉（女，2017.7—2018.12）
主　　管　齐芙蓉（2014.1—2017.7）
陈　兵（2018.7—12）
徐　震（2017.7—2018.12）

第七节　审计监察处（纪委办公室）（2014.1—2018.12）

审计监察处（纪委办公室）前身是2006年10月成立的化工与销售分公司审计部，其职能由综合部代为履行。2009年6月，成立审计监察处（纪委办公室），机构规格副处级。

主要职责：协助公司党（纪）委开展党内纪律检查、监督、廉政建设、惩治和预防腐败体系建设工作，违纪违法案件受理等工作。负责公司的内部审计、监察工作。

截至2014年1月1日，审计监察处（纪委办公室）设处长1人，副处长1人，内设纪检监察、审计审理等岗位，在册员工3人，共有党员3人。共有领导2人：邱永君任处长，负责处室全面工作；李雪源任副处长，分管审计审理业务工作，并协助处长完成其他工作。党组织关系隶属机关二支部，工会隶属第二工会。

2014年3月，建立公司《监督部门联席会议制度》。6月，组织公司全体纪委委员以及纪委办公室相关人员召开新一届纪律检查委员会首次会议。9月，按照集团公司相关要求，开展审计问题专项整治及“小金库”自查工作。10月，制定公司党风廉政建设主体责任实施细则并提交公司党委会议讨论通过。11月，完成对中央八项规定精神和集团公司二十条要求落实情况的效能监察工作。

2014年，审计监察处（纪委办公室）完成6个审计项目，其中5个自审项目，1个外委审计项目。发现问题7项、提出建议8项，修订制度1

项。效能监察 2 项，发现问题 9 个，提出管理建议 7 项。参加化工销售联合监督信息系统培训，梳理风险点 9 个。累计下发警示教育案例组织学习 10 余篇、举办廉洁教育展览 2 次，在节日前夕发送廉洁警示短信 4 次，首次开展新员工的反腐倡廉教育。李雪源获 2014 年公司先进个人。

2015 年 2 月，组织传达贯彻集团公司 2015 年反腐倡廉建设工作会议精神。6 月，组织对“三重一大”和落实党委主体责任纪委监督责任》等制度进行考试。7 月，集团公司党组第二巡视组进驻西南化工销售公司开展专项巡视工作。10 月，集团公司党组第二巡视组向西南化工销售公司反馈专项巡视情况。

2015 年，审计监察处（纪委办公室）累计完成 8 个审计项目，其中 6 个自审项目，2 个外委审计项目；效能监察 2 项。共发现 27 个问题，提出建议 25 项。公司两级干部层层签订党风廉政建设责任书 75 份。发挥联合监督综合效能，开展内控测试、财务检查和专项检查等，建立完善制度 8 项，监督检查制度执行 4 项。组织开展“小金库”自查自纠、收受红包礼金专项治理和亲属围绕中国石油经商办企业情况登记等工作，先后组织公司中层以上领导干部自查及登记 53 人次。学习党风廉政建设相关材料 13 篇，累计下发警示教育案例组织学习 12 次，举办廉洁教育展览 1 次，上载电子书 5 篇，进行制度考试 1 次；组织抽查干部个人事项报告 13 人次。公司两级领导干部坚持定期述职述廉，对 1 名分公司负责人开展离任审计，发现问题 3 个，通报批评 2 人。累计开展专业培训 13 次，其中信息系统 4 次，实务操作 9 次。弓雨熙获 2015 年公司先进个人。

2016 年 3 月，组织开展“四风”问题整治“回头看”。修订并组织公司中层以上干部、党员及关键岗位员工签订党风廉政建设责任书和廉洁自律承诺书。学习贯彻集团公司党风廉政建设和反腐败工作会议精神。开展西南化工销售公司重庆仓储中心建设项目竣工决算审计。4 月，制定并印发《西南化工销售公司落实党风廉政建设主体责任和监督责任的实施办法》。5 月，开展西南化工销售分公司经营管理审计。6 月，制定并发布《西南化工销售公司生产安全事故与环境事件责任人员行政处分实施细则》。7 月，制定并发布《西南化工销售公司监督部门联席会议制度》。8 月，制定并发布《规范公司党员干部操办婚丧喜庆事宜的通知》。9 月，开展重复举报专项治理工作。11月，接受集团公司党组巡视“回头看”。11月，制定并发布公司《关于落实党风廉政建设“三个清单”》《西南化工销售公司关于贯彻落实中央八项规定精神的实施细则》。12月，开展西南化工销售公司仓储业务风险管理审计。开展处分决定执行情况自查。组织开展领导干部亲属经商办企业并与中国石油发生业务往来自查及清退工作。

2016年，审计监察处（纪委办公室）累计完成3个审计项目，其中2个自审项目，1个外委审计项目，共发现问题7个，提出意见建议12条。开展分公司营销管理合规监察，发现问题2个，提出建议2项。建立健全监督制度，组织制修订公司《“三重一大”决策制度实施细则》《监督部门联席会议制度》等5项制度。组织两级干部签订党风廉政建设责任书153份，共组织预防提醒谈话5人次，询问示警谈话10人次，诫勉纠错谈话5人次。组织警示教育案例学习12次，举办廉洁教育展览1次，利用网上平台开展知识答卷1次，上载电子书4篇，制作《中国共产党廉洁自律准则》《中国共产党纪律处分条例》学习图解7篇。紧盯关键时间、重要节点，向党员领导干部发送提醒短信5次，开展节日期间落实中央八项规定精神执行情况监督检查4次。结合“两学一做”学习教育，组织开展《中国共产党廉洁自律准则》和《中国共产党纪律处分条例》系列知识答题活动，157名党员参与，成绩合格率100%。加强制度学习，参加监察专业知识培训3次，组织处室内部学习14次。

2017年1月，参加集团公司党风廉政建设和反腐败工作视频会议。2月，修订党风廉政建设责任书和廉洁自律承诺书并组织签订。同月，给予杜疆、秦文丽、王树伟、李文利、张雯党内警告处分。3月，制定并发布《西南化工销售公司规范中层干部亲属经商办企业行为实施细则（试行）》。5月，向集团公司党组纪检组报送《关于巡视“回头看”整改情况的报告》。

2017年3月，西南化工销售分公司决定：免去邱永君的审计监察处处长职务，调西南油气田分公司审计监察处工作。西南化工销售分公司党委决定：免去邱永君的纪委办公室主任职务。

2017年3月，西南化工销售分公司决定：李雪源任审计监察处处长。西南化工销售分公司党委决定：李雪源任纪委办公室主任。6月，组织公司各级管理人员参加“学规定、守纪律、塑形象”网上答题竞赛活动。制定并发布《西南化工销售公司2017年党风廉政建设和反腐败工作任务分工》。7月，组织开展新提任中层干部“六个一”廉洁从业教育活动。8月，为公司新员工上廉洁必修课。9月，制定并发布《关于中秋国庆期间深化落实中央八项规定精神严防“四风”反弹的通知》。10月，组织干部员工赴四川省（成都市）法纪教育基地进行警示教育。组织纪检监察干部和相关人员参与“学细则、促规范、上水平”网上答题竞赛。制定并发布《西南化工销售公司党委巡察工作方案（试行）》。11月，公司党委巡察组对陕西分公司领导班子进行巡察。组织参加中央纪委驻国资委纪检组学习宣传党的十九大精神视频会；建立领导干部廉政档案；对四川分公司原经理杨明辉进行离任经济责任审计。

2017年，审计监察处（纪委办公室）组织公司各级党员领导干部层层签订党风廉政建设责任书154份，非党员中层干部及关键岗位签订廉洁从业责任书104份。协助组织整改巡视和巡视“回头看”反馈的62项问题。对陕西支部开展巡察发现问题14个，提出巡察建议8条。全年提醒谈话8人，批评教育1人。开展廉洁知识网上测试、“学规定守纪律塑形象”网上答题、观看警示教育专题片、到锦江监狱参观、为新员工上廉洁第一课等教育培训67次。组织领导干部述廉53人次，为副处级以上干部发放《警示录》32册。组织传达部分单位和党员干部违法违纪处理通报，转发“四风”问题通报4期，重申纪律要求，用身边事教育身边人。以风险和问题隐患为导向，全年完成大客户激励政策、承兑汇票等专项审计和经济责任审计项目7个，发现所属分公司执行“三重一大”决策制度不严格、业务费用报销不规范、个别大客户返利金额不准确等问题25个，提出审计建议25项，完成整改18项，修订制度和流程1项。初步建立公司党委管理的53名处科级干部廉政档案。节前发送廉洁提示短信7次，先后6次到本部食堂、车班、库房进行现场检查，组织分公司（调运部）开展自检自查，收回监督检查表24份。李雪源获集团公司2017年度审计部先进个人、公司2016—2017年度优秀共产党员；刘圣江获得公司2016—2017年度先进个人。

2018年1月，参加集团公司2018年党风廉政建设和反腐败工作视频会议。2月，组织召开公司2018年党风廉政建设和反腐败工作会。4月，召开巡察培训会。5月，组织参加《监察法》答题竞赛。6月，扎实开展“找差距、理思路、定措施”主题活动。7月，公司党委2018年内部巡察工作正式启动。参与集团公司政治生态状况问卷调查。9月，组织开展2018年度纪检监察业务培训。12月，公司纪委召开年底纪委学习（扩大）会。参与“学条例守纪律明底线”答题活动。召开2018年年度监督部门联席会。

2018年，审计监察处（纪委办公室）组织机关处室长、二级单位负责人及纪检监察干部，共40人参加集团公司党风廉政建设和反腐败工作视频会。共组织党员领导干部签订党风廉政建设责任书147份、非党员中层干部及关键岗位签订廉洁从业责任书97份。下发《公司2018年党风廉政建设和反腐败工作任务分工》，细化31项任务分工。组织公司全体人员观看廉政警示教育专题片《巡视利剑》《廉政中国》，全年共组织观看11集，受众1300余人次。组织对5名中层干部进行“六个一”廉洁教育，新增干部廉洁档案2人次，更新干部廉洁档案3人次。坚持月度更新公司主页反腐倡廉教育专栏，发送时事政治、热点学习内容12篇；把党规党纪教育纳入支部季度学习计划，全年发送学习参考材料10篇。结合企业实际，牵头制定印发公司党委巡察工作规划（2018—2022）、2018年巡察工作计划和领导小组、巡察办、巡察组三个巡察规则，编制公司党委巡察工作规范。建立公司巡察人才库，组织3次共24人次参与巡察培训。节前发送廉洁提示短信7次，节日前后到本部食堂、车班和驻外分公司进行检查。坚持节假日检查签字报备制度，收回分公司、调运部及机关处室监督检查表64份。全年4次向党组纪检组报告节日检查总结，公司重大节日期间未发现“四风”问题。开展“一把手”和纪检监察联络员沟通性约谈，形成书面约谈材料43份，纪委书记组织约谈35人次。组织分公司和业务处客户签订恪守商业道德协议，收回调查问卷160份。坚持每周两次开启信访箱、查阅举报邮箱，登录使用监督系统，筛查销售业务信息32820条。认真组织党员干部参加《监察法》知识竞赛，取得均分99.18分，在集团公司排名靠前。组织参与“学条例、守纪律、明底线”网上答题，共156人参加答题，平均成绩97.05分。组织34名兼职纪检监察联络员和支部纪检宣传委员开展年度纪检监察业务培训。

截至2018年12月31日，审计监察处（纪委办公室）设处长1人，副处长1人，内设纪检监察、审计审理等岗位，在册员工4人，共有党员4

人。高级职称 2 人。有领导 1 人：李雪源任处长负责处室全面工作。党组织关系隶属机关四支部，工会隶属机关第二工会。

一、审计监察处（纪委办公室）领导名录（2014.1—2018.12）

处　长（主　任）　邱永君（女，2014.1—2017.3）
　　　　　　　　　　李雪源（2017.3—2018.12）
副处长（副主任）　李雪源（2014.1—2017.3）

二、审计监察处（纪委办公室）其他管理人员名录（2014.1—2018.12）

高　级　主　管　刘圣江（2017.7—2018.12）
主　　　　　管　刘圣江（2017.1—7）

第八节　市场信息与价格处（2014.1—2018.12）

市场信息与价格处前身是 2002 年 9 月成立的化工与销售西南分公司管理部，机构规格正科级。2009 年 6 月，成立西南化工销售分公司市场信息与价格处，机构规格副处级。

主要职责：负责公司价格体系建立和运行管理，负责市场信息收集、整理以及分析预测，负责公司信息化建设和信息系统的运行维护工作。

截至 2014 年 1 月 1 日，市场信息与价格处设处长 1 人，副处长 1 人，内价格管理、信息化管理等岗位，在册员工 8 人，共有党员 4 人。共有领导 2 人：杨文胜任处长，负责处室全面工作；王树伟任副处长，分管价格信息工作，协助处长完成处室的各项工作。党组织关系隶属机关五支部，工会隶属机关第三工会。

2014 年 1 月，应急管理系统（E2）上线实施。3 月，西南化工销售分公司决定：杨瑛任市场信息与价格处处长，免去杨文胜的市场信息与价格处处长职务，调湖南分公司工作。11 月，ERP 资质平台开发完毕正式启用。12 月，公司召开价格管理专题研讨会。

2014 年，市场信息与价格处 ERP 系统变更 49 项，系统用户角色变更 9 单，用户权限变更 170 单，新增 SAP 账户及 BW 用户账号共 27 个，注销用户账号 11 个，对客户、供应商、物料主数据进行新增、变更和扩充；对包括重庆江顺大区物流中转库 13 个库房在 ERP 系统中的创建及角色、权限分配。2014 年价格到位率达到 100.16%，在各大区中排名第三。陈旭获得公司 2014 年度优秀共产党员；陈旭获得公司 2014 年度内控先进个人；宋小默获得公司 2014 年度先进个人；熊安剑获得 2014 年度公司安全管理先进个人。

2015 年 6 月，通过与项目组积极协调，完成管理员现场培训、移动加密机申领制作和部分移动终端的安装设置工作，移动应用平台顺利上线。7 月，信息安全建设受到集团公司高度评价。8 月，配合完成集团局域网改进项目。

2015 年，市场信息与价格处与运维组携手完成 ERP 系统变更 75 项，系统用户角色变更 6 单，用户权限变更 125 单，新增 SAP 账户及 BW 用户账号共 16 个，注销用户账号 5 个，对客户、供应商、物料主数据进行新增、变更和扩充；ERP 新增公路到站共 6 个、库房 3 个。根据公司实际经营情况，及时向炼油与化工分公司价格处和炼化信息平台提出取价、买断价格等方面的调整建议，节省购进成本 1500 余万元，切实改善线性、PP、橡胶等产品比价偏低的局面。熊安剑获得公司 2015 年度安全管理先进个人；郭佳臻获得公司 2015 年度先进个人。

2016 年 3 月，建立公司 10 年销售主要产品的量价、塑料期货、农膜产量数据资料库。4 月，顺利完成价格信息系统升级前期开发、上线前系统测试、实时数据测试和上线实施工作。与成都铁路局、中国铁通成都分公司积极协调，完成从本部和彭州调运分公司分别到成都铁路局信息中心的两条专线铺设工作，并成功开通了铁路货车追踪系统，极大方便了公司铁路货车相关数据的查询和统计，同时为公司自备车管理信息系统升级提供重要的数据来源。

2016 年 9 月，西南化工销售公司决定：免去杨瑛的市场信息与价格处处长职务，退出领导岗位；副处长王树伟主持工作。

2016 年是大宗商品持续下跌后的大幅反弹之年，公司“客户折让”“与中国石化比价完成率”等指标取得良好成效，全年价格到位率位列六个大区第一、与中国石化比价完成率取得大区第二的成绩。买断价格主要牌号标杆取价均位于最低水平。通过调整各区域产品出库价格差，全年实现增效约

400万元。升级价格信息系统与自备车管理信息系统，开通铁路货车追踪系统，完成了“十三五”信息化规划编制和信息网络安全检查。熊安剑获得中国石油天然气集团公司年度信息化工作先进个人。

2017年5月，建立中国石油大区、中国石化大区价格大数据库，利用大数据库推进对标管理。通过强化与中国石化对标管理，全年与中国石化华中大区对比主要牌号，同比2016年增效1.38亿元。分别建立“现货走势与原油、期货、资源、下游开工率、制品产量、进口、宏观经济的关联模型”和“供需平衡分析模型”，将市场预测分析由以往的“定性分析”转变为“定量分析”，提高市场分析和预测的科学性和准确性。10月，顺利完成安宁调运部网络搭建。ERP2.0融合系统顺利上线，重庆仓储中心仓储管理平台上线。

2017年，市场信息与价格处累计开展专题市场分析超150次。同时对发生重大市场突发事件随时进行专题市场分析，分别进行“苯乙烯反倾销对西南SM下游产品的影响”“查处浙江远大事件对期货市场的影响”“环保督查对塑料市场的机遇和挑战”“原煤上涨对煤化工效益影响分析”“人民币升值对合成树脂的影响”“云天化PP投产对公司的影响”等12个专题分析。吕达获得2017年度先进个人。

2018年3月，西南化工销售分公司决定：王树伟任市场信息与价格处处长。

2018年，公司价格到位率100.55%，位列大区第一。与中国石化比价完成率11.83分，大区排名第一。大区间价格对比，可比牌号62个，销量96.8万吨。与炼化板块均价对比，71%高于炼化板块，价格实现水平较高。郭佳臻获得2018年成都市创新成果二等奖；吕达获得2018年青年先锋荣誉称号；熊安剑获得公司2018年安全先进个人。

截至2018年12月31日，市场信息与价格处设处长1人，内设价格管理、信息化管理等岗位，在册员工7人，共有党员4人。本科学历5人，研究生学历1人；高级职称2人，中级职称2人。有领导1人：王树伟任处长，负责处室全面工作。党组织关系隶属机关六支部，工会隶属机关第六工会。

一、市场信息与价格处领导名录（2014.1—2018.12）

处　　长　杨文胜（2014.1—3）[①]

　　　　　　杨　瑛（2014.3—2016.9）[②]

　　　　　　王树伟（2018.3—12）

副 处 长　王树伟（2014.1—2016.9；主持工作，2016.9—2018.3）

二、市场信息与价格处其他管理人员名录（2014.1—2018.12）

高级主管　刘　昶（女，2014.1—2018.12）

主　　管　郭佳臻（女，2014.12—2018.12）

第九节　仓储运输处—仓储处（2014.1—2018.12）

仓储运输处的前身是2002年9月成立的化工与销售分公司管理部，机构规格正科级，负责运输管理以及其他企业管理工作。2004年划转至化工与销售西北分公司；2006年，将化工与销售西北分公司储运业务划入化工与销售西南分公司，并由管理部负责。2009年6月，成立西南化工销售分公司仓储运输处，机构规格副处级。2012年2月，新增四川石化产品调运管理和自备车管理职能。

主要职责：负责公司产品仓储管理，负责固体、液体化工产品公路的直发、调拨配送管理，指导分公司仓储管理和配送工作。

截至2014年1月1日，仓储运输处设处长1人，副处长2人，内设运输计划、运输管理、仓储管理、配送管理、运费结算等岗位，在册员工14人，共有党员10人。处室共有领导班子3人：薛喆磊任处长，负责处室全面工作；王亚非任副处长，负责自备车、仓储管理工作；副处长丛刚长期病休。党组织关系隶属机关八支部，工会关系隶属第五工会。

2014年2月，四川石化生产的首批液体化工产品，由公司组织顺利通过公路实现发运，这标志着公司首次实现液体化工产品的销售和运输。

---

① 2014年3月，杨文胜调任湖南分公司经理。

② 2016年9月，杨瑛退出领导岗位。

2014年11月，将仓储运输处的调运和自备车管理职能划入规划计划处，同时仓储运输处更名为仓储处。自四川石化投产至仓储运输处业务调整前（11月），共计发运产品115.75万吨。其中液体产品60.84万吨，固体产品54.91万吨；铁路发运84.73万吨，公路发运28.30万吨，水陆公路集港3.22万吨；船运152艘，运量46.32万吨。

2014年，公司区域市场库共计26个，其中固体库24个、液体库2个；按区域划分，四川区域7个固体库（力庆、海星、绵阳、自贡、达州、西昌、景琦），重庆区域3个固体库（天地金、重客隆、满城）、2个液体库（江顺、黄磏），湖南区域4个固体库（南华、株洲、郴州、怀化），云南区域4个固体库（新储、铁风、腾俊、宣威），陕西区域4个固体库（三民村、五三三、鲲鹏、宝鸡），贵州区域2个固体库（中粮、遵义）。固体产品入库量91.69万吨，固体产品仓储费支付8387.2万元；固体产品配送量为30.74万吨。

2015年2月，西南化工销售分公司决定：免去丛刚的仓储运输处副处长职务，调东北化工销售分公司工作。

2015年3月，修订完善《仓储管理办法》。5月，西南化工销售分公司决定，将计划调运处四川石化化工产品公路运输职能划入仓储处。11月，组织对6个区域的固体产品市场库进行现场评级考核，评出A级库房8个、B级库房4个、C级库房2个。

2015年，按照公司“一个区域一个中心库、多个二级库”的模式，对库房进行优化。2015年固体库较2014年减少6个、液体库储罐减少5个，取消市场开发不好的二级库。截至2015年末，库房共计20个，其中液体库2个，固体库18个（1个自建库，1个中转库，8个中心库，8个二级库），拟建二级库1个。固体产品产入库量96.9万吨，液体产品入库量为51.8万吨；固体产品仓储费支付3695万元，液体产品仓储费支付4025万元。共实现四川石化公路运输产品36.74万吨，其中液体产品公路运输为22.98万吨（中海集集装罐运输1.12万吨，北化维普集装液袋运输3.275万吨），其中西南11.43万吨，华东11.55万吨，固体产品公路运输13.76万吨。实现产品公路配送35.25万吨，其中四川石化公路配送27.54万吨，市场库终端配送7.71万吨。仓储处获公司安全先进集体。

2016年，全年完成固体化工产品公路运输51.2万吨，四川石化液体化工产品运输31.74万吨，较上一年度分别增长4.48%和38.1%。固体产品平均吨商品仓储费较KPI指标的39元/吨下降9.29元/吨，降幅为23.82%。修订《仓储管理办法》《警戒库存管理办法》，产品周转率显著提高，仓储物流成本大幅降低。

2017年6月，西南化工销售分公司决定：董刚任仓储处副处长；免去王亚非的仓储处副处长职务，调调运处工作。

2017年7月，西南化工销售分公司决定，将仓储处液体库房和公路运输管理业务划归调运处管理，仓储处主要职责调整为负责公司各区域固体产品市场库、公司自建库的仓储管理，以及配送业务的管理。

2017年11月，西南化工销售分公司决定，设立重庆仓储中心，划归仓储处管理；杨文胜任仓储处处长；免去薛喆磊的仓储处处长职务，调企管法规处（质量安全环保处）工作；董均任仓储处副处长（副科级）。

2017年12月，大连商品交易所批准设立中国石油天然气股份有限公司西南化工销售分公司重庆仓储中心为线型低密度聚乙烯、聚丙烯非基准指定交割仓库。自2017年12月15日起接受并办理期货交割业务。重庆仓储中心化工产品期货交割仓库，是大连商品交易所在西南区域唯一指定的期货交割仓库，填补了西南区域化工产品期货交割功能的空白。

2018年3月，西南化工销售分公司决定：董均任仓储处副处长（正科级）。

2018年，仓储处全年完成仓储配送7.1万吨，固体产品平均吨商品仓储费较KPI指标的33元/吨下降7.22元/吨，降幅为21.88%；全年实现了1500吨期货交割，另有8000吨意向注册交割实现仓储保管工作；重庆仓储中心实现利润–14.62万元，完成年度控亏100万元的目标，实现税后外部收入339.23万元。

截至2018年12月31日，仓储处设处长1人、副处长2人；下设仓储管理、票据传递岗，在册员工6人，共有党员2人。下属单位为重庆仓储中心，在册员工8人。党组织关系隶属机关七支部，工会隶属机关第五工会。

一、仓储运输处（2014.1—11）

（一）仓储运输处领导名录（2014.1—11）

处　　长　薛喆磊（2014.1—11）

副 处 长　王亚非（2014.1—11）

　　　　　丛　刚（2014.1—11）

（二）仓储运输处其他管理人员名录（2014.1—11）

高级主管　王晓晖（2014.1—7）

　　　　　牟春梅（女，2014.1—11）

主　　管　白　伟（2014.1—11）

　　　　　杨喜棠（女，2014.1—11）

二、仓储处（2014.11—2018.12）

（一）仓储处领导名录（2014.11—2018.12）

处　　长　薛喆磊（2014.11—2017.11）[①]

　　　　　杨文胜（2017.11—2018.12）

副 处 长　王亚非（2014.11—2017.6）[②]

　　　　　丛　刚（2014.11—2015.2）[③]

　　　　　董　刚（2017.6—2018.12）

　　　　　董　均（副科级，2017.11—2018.3；2018.3—12）

（二）仓储处其他管理人员名录（2014.11—2018.12）

高级主管　房巨成（2015.1—2018.12）

　　　　　牟春梅（2014.11—2017.10）

主　　管　宓　红（女，2015.3—11）

　　　　　王小龙（2017.7—2018.2）

　　　　　杨喜棠（2015.12—2017.7）

　　　　　贾　崇（2014.11—12）

① 2017 年 11 月，薛喆磊调任企管法规处（质量安全环保处）处长。

② 2017 年 6 月，王亚非调任调运处副处长。

③ 2015 年 2 月，丛刚调东北化工销售分公司工作。

第十节　技术服务处（2014.1—2018.12）

技术服务处前身是2006年10月成立的化工与销售分公司技术服务部，机构规格正科级，负责公司销售产品市场开发，新产品推广、销售后技术服务、产品质量纠纷鉴定和处理工作。2009年6月，成立西南化工销售分公司技术服务处，机构规格副处级。

主要职责：负责编制公司技术服务发展规划，完善公司技术服务体系；负责公司技术服务、新产品开发、科研项目开发、市场培育、专业技术培训、技术交流等工作。

截至2014年1月1日，技术服务处设处长1人，副处长1人。内设技术服务、市场开发、科技开发、质量标准等岗位，在册员工7人，共有党员5人；本科以上学历6人；高级职称6人，中级职称1人。技术服务处共有领导2人：王俊琪任处长，负责全面工作；李恒大任副处长，分管技术服务、市场开发以及质量标准。党组织关系隶属机关七支部，工会隶属机关第四工会。

2014年3月，由集团公司科技管理部主办，西南化工销售分公司承担的“埋地钢制管道聚乙烯防腐料”项目验收及推介会在北京召开，技术服务处前期缜密制定会议方案、充分准备会议材料，防腐料项目顺利通过专家评审验收。4月，在北京参加国家药监局首次组织的“医用聚烯烃产业化技术开发及安全性评价”课题任务推进会。5月，参加集团公司科技管理部组织的橡胶开发应用项目立项论证会。10月，衔接吉林石化合成树脂厂调研推广吉林石化ABS，并就西南区域打火机外壳需要的AS产品合作开发应用事宜达成开发推广计划。11月，参加集团公司物资采购专业标准化技术工作会议，代表《钢质管道聚乙烯防腐专用料采购技术规范》编写组进行汇报。

2014年，技术服务处承担集团公司科技管理部重大专项“聚烯烃新产品研究开发与工业应用重大科技专项”，包括6个课题，分别为聚乙烯管材开发应用、聚乙烯医用及电缆开发医用、聚丙烯薄膜开发应用、聚丙烯家电汽车开发应用、聚丙烯透明医用料开发应用课题、聚烯烃市场分析及营销对策研究。承担集团公司科技管理部常规项目“溶聚丁苯应用（改性溶聚丁苯复合体小试技术研究）”，获得集团公司科学技术进步奖二等奖。王凤江获公司2014年度先进个人。

2015年3月，组织到兰州石化进行新产品专用料合作开发交流对接，重点对发泡料、电缆料、医用料、汽车专用料等进行开发推广合作对接并达成一致意见。4月，去湖南推介中国石油无纺布专用料，带领湖南欣龙非织造材料有限公司等新用户参观同类用户对原料使用情况。7月，牵头与云南昆钢石头纸环保材料有限公司进行包装新材料及合作发展交流座谈。11月，参加四川省经信委召开的四川“十三五”油气化工产业发展规划编制工作座谈会，在会上通报公司石化资源情况并提出了发展相关产业建议。12月，牵头承办医用聚烯烃树脂产业化及安全性评价课题评审会，医用料注册认证资料更加完整合规，加快认证批复进程。

2015年，技术服务处认真做好市场调研和技术支持，全年开展调研走访30余次，处理质量投诉40余起；加强专用料推广，根据打火机壳市场需求，协调吉林石化和兰州石化开展AS产品开发和试用；修订《新产品推广管理办法》，制定新产品推广考核细则；完成《钢质管道聚乙烯防腐料采购技术规范》标准的申报并得到批复；有针对性地开展液体化工产品、聚丙烯及SBS专题培训；修订完成《产品简介2015版》。技术服务处获公司2015年度先进集体称号；金丽晓获公司“优秀员工”、公司2015年度先进个人。

2016年3月，成立石化院技术服务站，探索产销研合作的新模式，期间组织对下游用户康泰管业和红塔塑胶进行参观交流。4月，四川科伦药业股份有限公司药品包装用材料和容器注册获得国家药监局批复，标志着历时近5年开发的集团公司医用聚烯烃树脂专用料项目获得成功，首批医用聚丙烯RP260产品实现国产化。5月，召开公司2016年新产品开发科技会议。8月，召开医用料用户注册认证推进（协调）专题会议。9月，参加北京2016年注射剂工业大会，首次展示推介中国石油医用料新产品。10月，“惠塑网”App自上线以来，首次在百度等搜索引擎排在首条。

2016年，技术服务处深入落实好“四个一批”战略，加大客户开发和培育工作，巩固云南红塔、科伦药业等一批高效客户；着力抓好“四个环节”，建立新产品开发推广体系，新产品购销率达到100%；加强产销技术衔接，组织与兰州石化、独山子石化等生产企业专题研讨，开展专题技术交流和市场调研10场次；协调质量投诉处理纠纷20起；开展专业技术培训14次，通过考试共聘用选拔5位优秀的一线销售人员兼职技术顾问；集团公司重大专项“聚烯烃新产品研究开发与工业应用重大科技专项”课题稳步推进，第二、第三梯队医用料用户认证进程逐步加快。2016年RP260推广销售0.6万吨，同时完成其他近30家用户的注册认证工作；做好“惠塑网”App向地区生产企业、石化院科技人员的推广应用。技术服务处被集团公司授予并颁发“质量信得过”班组证书。刘萍获公司2016年度安全工作先进个人。

2017年3月，西南化工销售分公司决定：免去李恒大的技术服务处副处长职务，调贵州分公司工作。

2017年6月，与兰州石化一行到科伦药业（新都）基地进行医用料质量提升情况说明及应用推介，并前去四川大学就医用罩泡项目等开发应用情况进行交流。

2017年，技术服务处深入落实公司“四个一批”战略，组织兰州石化、吉林石化等技术人员开展医用料、ABS新产品交流与调研，成功开发了重庆光能、重庆正新轮胎等终端用户开发，其中兰州石化ABS（301）、四川石化BR9000实现了规模销售，独山子SBS（T171E）新产品成功替代T171，满足了用户出口需求；加强产销研用技术衔接，组织生产、研究及用户等单位召开了7次质量提升专题会议；开展高效产品应用指导，完成24个牌号33万吨量销售，计划完成率达到110.4%；新产品新增牌号产品17个，实现销售1.14万吨，实现利润88.3万元；处理四川石化管材料、BOPP膜料、顺丁橡胶等产品质量投诉50余起；开展BOPP膜料、独山子茂金属膜料和有机化工技术培训3次，业务人员技术水平持续提升；公司承担的集团公司重大专项“聚烯烃新产品研究开发与工业应用重大科技专项”课题的项目全部通过预验收；《钢制管道防腐料开发与采购技术规范制定研究》在《石油管材与仪器》发表并获年度优秀论文三等奖。刘萍获得公司2016年度安全工作先进个人，金丽晓获得公司2016—2017年度先进个人。

2018年2月，参加集团公司科技管理部组织的重大专项“聚烯烃新产品研究开发与工业应用”二期框架设计研讨会，提出西南区域市场发展需要的新产品立项建议。3 月，根据炼油与化工分公司《关于紧跟市场，产销协同，产品提档创优工作方案》通知要求，启动对标样品用户现场取样工作。10 月，新产品销量突破 3.1 万吨，提前完成公司制定的新产品年度目标。下发《关于开展“送技术到基层，送服务到客户”活动》的通知，从 11 月份正式启动“双送双到”活动。

2018 年，技术服务处建立“双送双到”管理机制，制定详细的可操作的量化方案。根据炼油与化工分公司要求开展提档创优活动，确定四川石化管材料 100N 等提档创优产品；医用料、车用料、茂金属专用料推广增量增效显著；新产品开发推广及引入新牌号创新高，兰州石化可立袋产品开发与推广试用加快推进；全年协调兰州石化排产 4 次在科伦可立袋上试用；全年处理质量投诉 60 余起；先后完成公司与四川石化、独山子石化、兰州石化、庆阳石化交流会 14 次；开展专业知识培训和现场指导，为分公司业务人员提供培训 10 余次；“聚烯烃新产品研究开发与工业应用重大科技专项”一期聚乙烯管材、医用料等 6 个课题，9 个专题的项目顺利通过验收；继续参与管材料、医用料、车用料等项目的滚动开发工作，3 个课题 5 个专题的新产品研究项目实现立项。

截至 2018 年 12 月 31 日，技术服务处设处长 1 人、副处长 1 人，在册员工 6 人，内设技术服务、科技开发等岗位。本科以上学历 5 人；高级职称 5 人，中级职称 1 人。有领导 1 人：王俊琪任处长，负责全面工作，技术服务、科研开发、质量管理、市场开发、产品调研、人员培训。党组织关系隶属机关八支部，共有党员 4 人；工会隶属机关第四工会。

一、技术服务处领导名录（2014.1—2018.12）

处　　长　王俊琪（2014.1—2018.12）

副 处 长　李恒大（满族，2014.1—2017.3）

二、技术服务处其他管理人员名录（2014.1—2018.12）

高级主管　赵　霞（女，2014.1—2017.1）

孙玉梅（女，2014.1—2018.12）

金丽晓（女，回族，2014.1—2018.12）

王凤江（2014.1—2018.12）
周　超（2018.7—12）

第十一节　业务一处（2014.1—2018.12）

2004 年 11 月，化工与销售分公司业务部一分为三，成立化工与销售分公司业务一部，主要负责低密度、线性低密度聚乙烯产品销售管理业务，机构规格正科级。2009 年 6 月，成立西南化工销售分公司业务一处，机构规格副处级。2012 年 9 月，西南化工销售分公司决定，将业务一处四川区域销售业务划归四川分公司。

主要职责：负责低密度、线性低密度聚乙烯统销产品销售业务的归口管理工作，负责本处室分管低密度、线性低密度聚乙烯产品的计划配置、流向下达和营销策略制定等营销管理工作；负责市场及新产品的开发与管理，以及对分公司相关业务的管理、监督、考核及服务工作；负责监督重点产品运输计划执行情况，配合做好价格和客户管理工作。

截至 2014 年 1 月 1 日，业务一处设处长 1 人，副处长 1 人，内设销售计划岗，在册员工 4 人。业务一处共有领导 2 人：孙琼任副处长，负责分管产品销售业务的归口管理工作，对公司下达的 KPI 指标完成负责；武玮任副处长，负责协助处长执行完成各项工作并进行监督检查。党组织关系隶属机关七支部，工会隶属机关第四工会。

2014 年，业务一处面对煤化工产品的市场冲击，保住市场份额，线性产品销量同比增加 3.55 万吨。其中，四川石化线性低密度聚乙烯产品在西南区域的销售量占生产总量的 95%，保障四川石化线性装置的正常运行和产品效益。

2015 年 12 月，开发独山子石化线性茂金属 EZP2010HA，共计销售 895 吨。

2015 年，业务一处一方面重视买断价偏高问题，另一方面坚持低库存运作，全年共销售产品 32.2 万吨，其中销售低密度产品 5.97 万吨，销售线性低密度产品 26.22 万吨。销售量同比基本持平，利润同比增加 8498 万元。

获得公司 2015 年度先进集体称号；甘自力获得公司优秀员工。

2016 年 11 月，西南化工销售分公司决定：免去武玮的业务一处副处长职务，调云南分公司工作。

2016 年，业务一处共销售产品 79.96 万吨，其中低密度产品 5.91 万吨，高密度产品 41.20 万吨，线性低密度产品 32.85 万吨。销售量同比增加 13.91 万吨，销售利润 1.47 亿元，同比增加 0.97 亿元。

2017 年 3 月，西南化工销售分公司决定：王志宏任业务一处副处长。

2017 年 6 月，西南化工销售分公司决定：业务四处业务并入业务一处，撤销业务四处。

2017 年，业务一处共销售产品 79.18 万吨，其中低密度产品 5.34 万吨，高密度产品 42.58 万吨，线性低密度产品 31.26 万吨。同比 2016 年川渝销量共计增长 10518 吨，增幅 1%；聚乙烯各项产品新增牌号 12 个，新产品牌号 6 个。业务一处荣获公司 2017 年度先进集体称号。

2018 年 10 月，西南化工销售公司党委决定：免去王志宏的业务一处副处长职务，调业务二处工作。

2018 年，业务一处在资源配置上向新开拓的大型终端厂四川万马和四川好彩头公司倾斜，保证全年直销率指标的完成。全年共销售产品 74.74 万吨，由于四川石化检修影响，同比减量 4.44 万吨，但超年度计划 6.44 万吨。吨利润 66 元，高效产品、新产品及专用料销量 43.6 万吨，价格到位率 100.53%，直销率 41.9%；四川石化线性产品就地化销售比例 97.1%，四川石化低压产品就地化销售比例 94.7%，全部完成公司年度目标。

截至 2018 年 12 月 31 日，业务一处设处长 1 人；内设销售计划岗 3 人，在册员工 4 人，共有党员 4 人。本科以上学历 4 人；高级职称 1 人，中级职称 1 人。党组织关系隶属机关五支部。业务一处有领导 1 人：孙琼任处长，负责分管产品销售业务的归口管理工作，对公司下达的 KPI 指标完成负责。

一、业务一处领导名录（2014.1—2018.12）

处　　长　孙　琼（女，2014.3—2018.12）

副 处 长　孙　琼（2014.1—3）

武　玮（2014.1—2016.11）①
王志宏（2017.3—2018.10）②

二、业务一处其他管理人员名录（2014.1—2018.12）

高级主管　宋承宇（2015.1—2017.10）
甘自力（2014.4—2018.12）

主　　管　曹全武（2014.1—4）
袁琛昊（2017.10—2018.12）

第十二节　业务二处（2014.1—2018.12）

2004年11月，化工与销售分公司业务部一分为三，成立化工与销售分公司业务二部，机构规格正科级，负责聚丙烯产品的销售管理工作。2009年6月，成立西南化工销售分公司业务二处，机构规格副处级。2012年9月，西南化工销售分公司决定，将聚丙烯产品四川区域的销售业务划归四川分公司。

主要职责：负责聚丙烯产品统销产品销售业务的归口管理工作，负责本处室分管聚丙烯产品的计划配置、流向下达和营销策略制定等营销管理工作；负责市场及新产品的开发与管理，以及对分公司相关业务的管理、监督、考核及服务工作；负责监督重点产品运输计划执行情况，配合做好价格和客户管理工作。

截至2014年1月1日，业务二处设处长1人，副处长1人，内设销售计划岗，在册员工4人。业务二处有领导1人：杜疆任处长，负责处室全面工作。党组织关系隶属机关七支部，工会隶属机关第四工会。

2014年，业务二处累计销量46.67万吨，占公司橡塑产品销量的40.3%；吨利润排名橡塑产品第二。四川石化聚丙烯产品19万吨，其中，拉丝产品14.2万吨，膜料产品4.8万吨，分别占该品种总销量的65%和46%。

---

① 2016年11月，武玮调任云南分公司副经理。
② 2018年10月，王志宏调任业务二处副处长。

2015 年 1 月，西南化工销售分公司决定：董刚任业务二处副处长，免去陕西分公司经理职务。领导分工随之调整：处长杜疆负责处室全面工作；副处长董刚负责协助处长执行完成各项工作并进行监督检查。

2015 年，业务二处累计销量 48.94 万吨，直销率 51.4%。销量同比增加 3 万吨，增幅 6.5%。其中四川石化产品销量 28.5 万吨，占 PP 销量的 58.2%。

2016 年，业务二处累计销量 52.2 万吨，直销率 51.6%，吨利润 152.11 元。同比增量 3.29 万吨，增幅 6.7%。同比增量 0.6 万吨，增幅 2.4%。专用料结构同比增加 10.6%。四川石化产品销量 31.47 万吨，占 PP 销量的 60%，盈利 3750 万元。毕卫刚获得公司内控管理先进个人。

2017 年 6 月，西南化工销售分公司决定，业务三处业务并入业务二处，撤销业务三处。孟瑶任业务二处副处长；免去董刚的业务二处副处长职务，调仓储处工作。

2017 年，业务二处销售产品 71.17 万吨，其中销售聚丙烯产品 57.66 万吨，销售合成橡胶产品 7.14 万吨，销售硬塑料产品 6.36 万吨。销售量同比增加 6.48 万吨，增幅达 10.03%。四川石化聚丙烯产品买断 35.11 万吨，销售 34.81 万吨，购销率 99.2%；销量同比增长 2.05 万吨，增幅 6.2%；就地销售比例达到 84.8%，同比提高 13.5 个百分点。买断顺丁橡胶产品 2.75 万吨，销售 2.67 万吨，购销率 97.2%；销量同比增长 0.25 万吨，增幅 10.3%。孟瑶获得公司先进个人，毕卫刚获得公司安全管理先进个人。

2018 年 6 月，西南化工销售分公司决定：免去孟瑶的业务二处副处长职务，调贵州分公司工作。

2018 年 10 月，西南化工销售分公司决定：王志宏任业务二处副处长。

2018 年，业务二处销售 72.01 万吨，其中聚丙烯销量 56.18 万吨，合成橡胶 8.22 万吨，硬塑料 6.23 万吨，聚酯切片 1.38 万吨。直销率 56.9%，吨利润 27 元，合计销量同比增幅 1.2 万吨。直销率整体提高 6.6%，全部达到板块的 A 级标准。硬塑料销量 6.22 万吨，较去年减量 1408 吨。合成橡胶实现销量 8.22 万吨，同比增量 1.07 万吨，增幅 15%。丁苯橡胶同比增量 1.27 万吨；顺丁橡胶优级品同比减量 0.40 万吨；SBS 同比增量 0.20 万吨，合成橡胶合计增量 1.07 万吨。医用料销量增长率达 96%，而且在 PP 其他产品效益减半的情况下效益依然突出。

截至2018年12月31日，业务二处设处长1人，副处长1人，内设销售计划岗。在册人员5人，共有党员3人。其中本科学历5人，中级职称3人。党组织关系隶属机关五支部，工会隶属机关第四工会。共有领导2人：杜疆任处长，负责全面工作；王志宏任副处长，负责销售业务工作。

一、业务二处领导名录（2014.1—2018.12）

处　　长 杜　疆（2014.1—2018.12）

副 处 长 董　刚（2015.1—2017.6）①

孟　瑶（2017.6—2018.6）②

王志宏（2018.10—12）

二、业务二处其他管理人员名录（2014.1—2018.12）

高级主管 毕卫刚（蒙古族，2014.1—2018.12）

主　　管 贾连平（2017.7—10）

王亚超（2017.10—2018.12）

第十三节　业务三处（2014.1—2017.6）

2004年11月，将化工与销售分公司业务部一分为三，成立化工与销售业务三部，主要负责合成橡胶、工程塑料以及有机化纤产品销售管理业务，机构规格正科级。2009年6月，成立西南化工销售分公司业务三处，机构规格副处级。2010年9月，高密度聚乙烯产品的计划配置、流向下达、营销策略制定和在四川区域销售等营销管理职能划转至业务四处。2012年8月，西南化工销售分公司决定，合成橡胶、工程塑料、合成纤维在四川区域的销售职能划转至四川分公司。

主要职责：负责合成橡胶、工程塑料以及有机化纤统销产品销售业务的归口管理工作，全面协调合成橡胶、工程塑料以及有机化纤产品在西南六省（市）的销售组织工作，负责合成橡胶、工程塑料以及有机化纤产品在四川、

① 2017年6月，董刚调任仓储处副处长。

② 2018年6月，孟瑶调任贵州分公司副经理。

重庆、陕西、湖南、云南、贵州6个分公司的销售计划管理、配置工作，以及市场开发和新产品市场推广工作。

截至2014年1月1日，业务三处设处长1人，内设销售计划岗。在册员工4人，共有党员2人。有领导1人：刘国强任处长，负责全面工作。党组织关系隶属机关七支部，工会隶属机关第四工会。

2014年3月，四川石化10万吨/年顺丁橡胶装置投产，业务三处承接其顺丁橡胶产品销售业务，完成四川石化顺丁橡胶产品在西南区域替换推广工作。7月，开始对区域内生产厂家进行产品认证工作，先后在贵州轮胎股份有限公司、四川远星轮胎有限公司得到认证和推广。

2014年，业务三处全年销售产品11.06万吨。受市场持续下跌影响所致，销售量同比略有下降，亏损1548万元。

2015年，业务三处全年销售产品10.9万吨。销售量同比略有下降，实现利润468万元，同比减亏1312万元，主要在营销节奏、销售时点和库存管理上做文章。孟瑶获公司2015年度先进个人。

2016年11月，西南化工销售分公司决定：免去刘国强的业务三处处长职务，调云南分公司工作。

2016年，业务三处实现销量12.41万吨，同比增量1.43万吨，增幅13.1%。其中合成橡胶产品销量6.65万吨，同比减量0.13万吨，降幅1.91%；硬塑料产品销量5.76万吨，同比增量1.71万吨，增幅42.3%。全年实现利润5994万元，吨利润482元。合成橡胶、硬塑料产品利润情况同比均有大幅增长。

2017年4月，西南化工销售分公司决定：孟瑶任业务三处副处长。

2017年6月，西南化工销售分公司决定，业务三处固体销售业务并入业务二处，撤销业务三处。

一、业务三处领导名录（2014.1—2017.6）

处　　长　刘国强（2014.1—2016.11）

副 处 长　孟　瑶（2017.4—6）

二、业务三处其他管理人员名录（2014.1—2017.6）

主　　管　马国平（2014.4—2015.1）

第十四节　业务四处（2014.1—2017.6）

2010年9月，成立西南化工销售分公司业务四处，机构规格副处级。2012年8月，西南化工销售分公司决定，高密度聚乙烯产品在四川区域的销售职能划转至四川分公司。2013年1月，新增四川石化液体化工产品销售的前期筹备工作职能。

主要职责：负责低压聚乙烯统销产品销售业务的归口管理工作，全面协调低压聚乙烯产品在西南六省（市）的销售组织工作，负责低压聚乙烯产品在四川、重庆、陕西、湖南、云南、贵州6个分公司的计划管理配置工作，市场开发和新产品市场推广工作。

截至2014年1月1日，业务四处设处长1人，副处长1人，内设销售计划岗。在册员工8人，共有党员8人。共有领导2人：李奕任处长，负责全面工作及液体产品前期销售筹备工作；满万江任副处长，负责低压产品价格、销售、安全工作。党组织关系隶属机关七支部，工会隶属机关第五工会。党组织关系隶属机关七支部，工会隶属机关第四工会。

2014年3月，四川石化高密度装置开工，业务四处承担四川石化低压产品销售及后路保畅工作。

2014年3月，西南化工销售分公司决定：袁军任业务四处处长；免去李奕的业务四处处长职务，调业务五处工作。

2014年，四川石化30万吨/年高密度聚乙烯装置投产，业务四处先后完成了管材、拉丝、中空、注塑、膜料五大类产品八个牌号的市场开发及推广工作。全年销售统销产品25.42万吨，完成年销售计划100.5%，直销率完成22%。其中销售低压拉丝3.29万吨；低压中空3.41万吨；低压注塑8.80万吨；低压管材6.03万吨；低压膜料3.45万吨；其他低压料0.42万吨。

2015年，业务四处将四川石化管材料CRP100N的推广作为销售重点，全年销售9.9万吨CRP100N，占低压管材料的66%。低压产品全年销售33.86万吨，同比增幅32%，利润2286万。其中管材料15.2万吨，销量占比45%；利润1647万，占比72%。销量同比增加8.1万吨，增幅32%，市场占有率同比增长 15%。

2016 年 11 月，西南化工销售分公司决定：免去满万江的业务四处副处长职务，调湖南分公司工作。

2016 年，业务四处共销售低压产品 41.20 万吨，实现利润 9395.7 万元，吨利润 228 元，购销率 104.5%，直销率 39.6%，价格到位率 100.49%。销售低压拉丝 3.07 万吨，中空 4.56 万吨，注塑 5.92 万吨，管材 19.87 万吨，膜料 6.94 万吨，专用料 0.82 万吨。

2017 年 6 月，西南化工销售分公司决定，业务四处固体销售业务并入业务一处，撤销业务四处。

一、业务四处管理人员名录（2014.1—2017.6）

处　　长　李　奕（女，2014.1—3）[①]

袁　军（2014.3—2017.6）

副 处 长　满万江（2014.1—2016.11）[②]

二、业务四处其他管理人员名录（2014.1—2017.6）

主　　管　闫春雷（2014.1—2017.6）

宋承宇（2014.1—2015.1）

第十五节　业务五处—业务三处（2014.4—2018.12）

2014 年 3 月，西南化工销售分公司决定，调整组织机构，李奕任业务五处处长。

2014 年 4 月，西南化工销售分公司决定，设业务五处，机构规格副处级。在册员工 6 人，共有党员 6 人，党组织关系隶属机关七支部，工会关系隶属机关第七工会。

主要职责：负责低压聚乙烯统销产品销售业务的归口管理工作，负责四川石化统销液体、硫磺产品的销售，市场调研，负责按照总资源需求平衡提

① 2014 年 3 月，李奕调任业务五处处长。

② 2016 年 11 月，满万江调任湖南分公司副经理。

报月、季、年需求计划，平衡液体产品月度销售计划；负责液体产品的新产品开发和市场推广工作；负责公司扩销业务；协助做好液体产品的产销衔接和商务纠纷工作；参与公司液体产品营销策略和价格的制定、客户管理，协助买断价格的协调。

2014 年，四川石化炼化一体化装置开工，业务五处承担四川石化液体及硫磺产品销售及后路保畅工作。业务五处获得公司 2014 年度先进集体。

2015 年，业务五处全年销售各类液体（硫磺）产品 93.62 万吨，实现利润 1.05 亿元。与 2014 年相比，产品销售区域有较大区别，其中东北主要以对二甲苯为主；四川以乙二醇、二乙二醇、硫磺等为主；重庆、湖南、湖北以石油苯为主；河南以乙二醇为主。区域内的占比不断提高，产品销往华东的比例大幅减少。业务五处获得公司 2015 年度先进集体。

2016 年 10 月，西南化工销售分公司决定：徐运涛任业务五处副处长。领导分工随之调整：处长李奕负责处室全面工作，副处长徐运涛负责销售业务工作。

2016 年，业务五处全年共销售各类液体（硫磺）产品 111.66 万吨，实现利润 1.3 亿元。川渝区域销售占比提高了近 4%。

2017 年 6 月，西南化工销售分公司决定，撤销业务五处，成立业务三处，机构规格副处级。李奕任业务三处处长，免去其业务五处处长职务；徐运涛任业务三处副处长，免去其业务五处副处长职务。

2017 年，业务五处全年销售各类液体（硫磺）产品 151.4 万吨，实现利润 1.84 亿元。

2018 年，业务五处全年销售各类液体（硫磺）产品 166 万吨，实现利润 1.05 亿元。直销率 92%，购销率 100.1%，吨利润 63.5 元。

截至 2018 年 12 月 31 日，业务三处设处长 1 人、副处长 1 人，内设销售业务岗。在册员工 10 人，共有党员 8 人；本科及以上学历 9 人；中级职称 4 人。党组织关系隶属机关七支部，工会隶属机关第四工会。共有领导 2 人：李奕任处长，负责处室全面工作；徐运涛任副处长，负责销售业务工作。

一、业务五处（2014.4—2017.6）

（一）业务五处领导名录（2014.3—2017.6）

处　　长 李　奕（2014.3—2017.6）

副　处　长　徐运涛（2016.10—2017.6）

（二）业务五处其他管理人员名录（2014.4—2017.6）

高级主管　杜卫东（2014.4—2017.6）

主　　管　曹全武（2014.4—2017.6）

刘佐堂（2014.1—2017.6）

刘　诚（2014.1—2017.6）

党　宏（2014.1—2017.6）

二、业务三处（2017.6—2018.12）

（一）业务三处领导名录（2017.6—2018.12）

处　　长　李　奕（2017.6—2018.12）

副　处　长　徐运涛（2017.6—2018.12）

（二）业务三处其他管理人员名录（2017.6—2018.12）

高级主管　杜卫东（2017.6—2018.12）

刘　诚（2017.7—2018.12）

党　宏（2017.6—2018.12）

主　　管　曹全武（2017.6—2018.12）

刘佐堂（2017.6—2018.12）

第十六节　调运处（2017.6—2018.12）

2017 年 6 月，西南化工销售分公司决定，撤销计划调运处，成立规划计划处和调运处，机构规格副处级。在册员工 11 人，共有党员 8 人，党组织关系隶属机关四支部，工会隶属机关第五工会。

主要职责：负责公司化工产品的铁路、公路和水路的运输管理工作；负责流通费用核定工作；负责自备车运营和管理工作；负责液体库房管理工作；负责与各大区以及铁路部门的沟通协调；负责调运部业务指导和管理。

2017 年 6 月，西南化工销售分公司决定：郭锋任调运处处长，王亚非任调运处副处长。领导分工如下：处长郭锋负责全面工作；副处长王亚非负责调运方面工作。

2017 年 8 月，保运小组到安宁调运部，完成铁路自备罐车的备案、检验、集结、清洗、对位、装运，丙烯公路运输的资质审核、合同签订、运距确认、车辆集结、信息传递、警示教育等工作。10 月，保运工作正式完成。

2017 年，全年总计发运四川石化各类化工产品 277.41 万吨，其中固体 115.6 万吨，液体 154.2 万吨；公路 110.42 万吨，铁路 159.38 万吨，西南公司 224.32 万吨，其他大区调拨 53.09 万吨。8 月至 12 月总计发运云南石化各类化工产品 23.67 万吨，其中铁路 10.79 万吨，公路 11.09 万吨，管输 1.80 万吨；混苯 10.94 万吨（互供 1.19 万吨、直发 2.57 万吨，调拨 7.18 万吨），苯 2.83 万吨，丙烯 4.69 万吨，硫磺 4.99 万吨，液氨 0.22 万吨。全年调运计划完成率 100%，买断调出率 100%，买断时点均衡差率 7.3%，重点运输计划完成率 100%。自备车 1155 辆，其中对苯车 241 辆、苯车 313 辆、混二甲苯 373 辆、乙二醇车 128 辆、邻苯车 30 辆、丁醇 70 辆。自备车月综合利用率分别为：对苯车 3.49 次、纯苯车 2.93 次、混二甲苯 0.96 次、乙二醇车 1.45 次、丁醇车 1.37 次、邻苯车 2.08 次。2017 年自备车共发运 20699 车，发运液体化工产品 123.27 万吨。罐租收入 8009.73 万元，发生相关费用 6227.75 万元，自备车全年累计盈利 1781.98 万元。

2018 年，全年调运产品 352.5 万吨，液体产品 151.05 万吨，固体产品 201.45 万吨；其中四川石化 214.23 万吨，云南石化 67.39 万吨，西北大区 58.35 万吨，东北大区 12.54 万吨。2018 年受停工检修影响，四川石化调运量同比减少 62.96 万吨；为了补充这期间的固体产品资源，加大了东西北大区的发运力度，调运量同比增加 8.97 万吨；云南石化开工趋于正常，调运量同比增加 46.78 万吨。

截至 2018 年 12 月 31 日，调运处设处长 1 人，副处长 1 人。内设运输管理、自备车管理、仓储管理、综合管理等岗位。在册员工 12 人；共有党员 8 人。本科及以上学历 10 人，高级职称 3 人、中级职称 3 人。党组织关系隶属机关四支部，工会隶属机关第五工会。共有领导 2 人：郭锋任处长，负责全面工作；王亚非任副处长，负责调运工作。

一、调运处领导名录（2017.6—2018.12）

处　　长　郭　锋（2017.6—2018.12）

副 处 长　王亚非（2017.6—2018.12）

二、调运处其他管理人员名录（2017.6—2018.12）

高级主管　白　伟（2017.7—2018.12）

牟春梅（2017.6—2018.12）

陈　娇（2017.6—2018.12）

第十七节　结算处（2017.6—2018.12）

2017 年 6 月，西南化工销售分公司决定，设结算处，机构规格副处级。在册员工 15 人，共有党员 6 人，党组织关系隶属机关七支部，工会隶属机关第七工会。

主要职责：负责公司化工产品的销售结算；负责仓储费、出库费、配送费用的结算；负责公路、铁路、船运等运输费用的结算；负责公司自备车收入和费用的结算；负责调运代理费收入的结算；负责价外费收入的结算；负责罐检费、商检费、铁路保险费用的结算；负责履行本单位安全环保职责。

2017 年 6 月，西南化工销售分公司决定：袁军任结算处处长，财务处副处长张雯同时任结算处副处长。领导分工如下：处长袁军负责结算处的全面管理工作，副处长张雯负责各项结算业务的管理工作。9 月，按顺序分别完成了贵州、湖南、云南、陕西、重庆等 5 个区外分公司的结算业务上收工作。10 月，先后印发西南化工销售分公司《销售集中结算实施方案》《销售订单文本备注模板》《关于销售集中结算的工作要求》《铁路直发统计表》《修改备注统计表》等相关要求及文件。11 月，就交货单打印及信息传递与仓储处达成一致意见，并出台《结算处与仓储处后期工作备忘录》。12 月，编制《结算操作手册》，将结算处现有的结算业务、操作流程、参照制度及存留档案进行了统一要求与规范。

2017年，结算处完成销售结算 157.8 万吨，其中固体化工产品结算 76.1 万吨，液体产品结算 81.7 万吨，公司间结算 42.2 万吨，电商结算 2.9 万吨，槽租费结算 59.4 万吨。铁路结算量 85.9 万吨，结算金额 16955 万元；公路结算 26.3 万吨，结算金额 11418 万元；船运结算量 35 万吨，结算金额 2823 万元；累计结算数量 147.2 万吨，累计结算金额 31197 万元。仓储费结算 4188.9 万元，配送出库费结算 37 万元，返空费结算 681.4 万元，商检费结算 154.5 万元，配送费结算 310.7 万元，累计结算 5372.5 万元。自备车结算 2136.9 万元。孙玉平获 2016—2017 年度公司级先进个人。

2018 年 10 月，西南化工销售分公司决定：免去袁军的结算处处长职务，调彭州调运部工作。

2018 年，结算处完成销售结算固体化工产品 145.47 万吨，结算公司间 78.64 万吨，结算电商订单 5.76 万吨；结算新增扩销订单 0.12 万吨；结算液体化工产品 166.34 万吨。其中结算云南石化产品 57.44 万吨，结算四川石化产品 108.90 万吨；结算槽车租赁 116.79 万吨，结算费用 7460.46 万元。完成铁路结算 145 万吨，结算运费 2.83 亿元；公路结算 33 万吨，结算运费 9745 万元；船运结算 56 万吨，结算运费 3635 万元；自备车结算金额 5012 万元。合计结算运费总 234 万吨，结算金额 4.67 亿元。完成仓储费结算 7745 万元；配送出库费 73.5 万元；返空费 979 万元；商检费 249.5 万元；配送费 516 万元；保险费 21 万元；合计结算金额 9584 万元。累计邮寄发票 1076 次，其中固体化工产品发票 769 次，液体化工产品发票 281 次，发票数量累计 18500 余张。

截至 2018 年 12 月 31 日，结算处设处长 1 人、副处长 1 人，销售结算、运费结算、仓储费结算等岗位。在册员工 13 人，共有党员 5 人。本科以上学历 8 人，高级职称 1 人，中级职称 2 人。党组织关系隶属机关五支部，工会隶属机关第五工会。有领导 1 人：张雯任副处长，代为管理部门工作。

一、结算处领导名录（2017.6—2018.12）

处　　长 袁　军（2017.6—2018.10）[①]

副 处 长 张　雯（2017.6—2018.12）

① 2018 年 10 月，袁军调任彭州调运部经理。

二、结算处管理人员名录（2017.6—2018.12）

高级主管　杨喜棠（2018.7—12）

主　　管　杨喜棠（2017.6—2018.7）

孙玉平（2018.7—12）

宓　红（2017.6—2018.7）

曾玺睿（女，2017.7—2018.12）

第三章　所属二级单位

截至2014年1月1日，西南化工销售分公司所属二级单位7个，其中副处级5个：四川分公司、重庆分公司、陕西分公司、云南分公司、彭州调运分公司。正科级单位2个：湖南分公司、贵州分公司。负责统销产品在区域内的管理、销售、仓储和物流运输工作。

2014年4月，炼油与化工分公司决定，西南化工销售分公司负责云南石化统销化工产品的代理买断、销售和运输工作。9月，股份公司批复，湖南分公司、贵州分公司机构规格调整为副处级。

2016年11月，西南化工销售分公司决定，成立安宁调运部，机构规格副处级。12月，西南化工销售分公司决定，彭州调运分公司更名为彭州调运部。

2018年10月，陕西分公司划归西北化工销售分公司管理，2018年12月31日完成划转。

截至2018年12月31日，西南化工销售分公司所属二级单位8个，其中销售分公司6个：四川分公司、重庆分公司、陕西分公司、云南分公司、湖南分公司、贵州分公司。调运部2个：彭州调运部、安宁调运部。负责统销产品在区域内的管理、销售、仓储和物流运输工作。

第一节　四川分公司（2014.1—2018.12）

2009年6月，股份公司批复成立成都销售分公司；9月，更名为四川分公司，机构规格副处级，但未正式运行。2012年8月，为全面实施“区域化管理，区域化销售”的营销战略，西南化工销售分公司决定，将4个业务处在四川区域的销售职能整合，组建四川分公司。在册员工10人，办公地点在成都市金牛区金科南路1号黑格中心5号楼。9月，中共中国石油西南化工销售公司委员会决定成立四川分公司党支部，共有党员6人。2013年1月，四川分公司正式运行，负责四川区域固体化工产品的营销工作，租赁 2 个中心库、3 个二级库。

主要职责：负责中国石油纳入统销的各类化工产品（高压、线性、聚丙烯、橡胶、硬塑料、低压）在四川区域的销售工作。负责本区域所属客户管理工作，产品售前、售中、售后服务工作；负责处理客户投诉及商务纠纷；负责销售区域内市场信息反馈工作；负责新产品在销售区域内的市场开发、应用推广和销售工作；负责本单位安全环保管理工作；负责本单位 HSE 体系、质量管理体系和法律风险防控体系相关工作。

截至 2014 年 1 月 1 日，四川分公司设经理 1 人，副经理 2 人，内设综合管理、销售业务、销售内勤、仓储管理等岗位，在册员工 15 人，共有党员 6 人。四川分公司班子成员 2 人：杨明辉任经理，负责分公司全面工作；姜卫华任副经理，主管销售业务，配合经理做好其他各项管理工作。累计完成销量 32.53 万吨，占公司累计统销量的 32.6%。

2014 年 3 月，四川分公司根据区域市场特点，改革客户管理体制，实施客户经理负责制，由专人负责为终端客户提供“点对点，面对面”的一站式服务。9 月，低压产品销量更是一举突破 14000 吨大关，创造了低压销量新的历史。

2014 年，四川分公司相继开发出四川远星、四川海大、康泰塑胶、森普管材、华西德顿、五粮液集团、民众日化等直供终端用户；累计完成销量 39.88 万吨，同比增量 4.54 吨，占公司累计统销量的 34.5%。四川分公司荣获“2014 年度先进集体”“2014 年先进党支部”；王炬宏被评为“2014 年集团公司优秀共产党员”；韩慧晶、王炬宏被评为“2014 年西南化工销售公司先进个人”。

2015 年 4 月，四川分公司加大二级市场仓储网络布局，已初步完成“一主四辅”的二级市场网络布局，分别在达州、自贡、绵阳、西昌方向设立二级库房，全年二级市场销售 1.79 万吨，同比增加 0.8 万吨。

2015 年 11 月，西南化工销售公司决定：杨明辉任总经理助理，仍兼任四川分公司经理。

2015 年，全年实现销量 44.57 万吨，同比增量 4.69 万吨，占公司固体销量的 35%，四川区域市场占有率提高 5% 以上。四川石化企业库产品物流直发配送，直发出库约19.32万吨，节省短倒费、接卸费、仓储费等物流费用，合计达1352万元。

2016年4月，根据西南化工销售分公司“西藏市场由四川分公司代管”的决策部署，为积极稳健推动西藏区域市场开发工作相继开发出西藏天畅建材有限公司和西藏三木塑料制品有限公司两家直供终端用户。9月，以铁路运输的方式直发拉萨西站，销售产品232吨，标志着西南化工销售分公司的经营业务正式进入西藏市场。同月，西南化工销售分公司同意“四川区域率先开展电商业务”运行方案，四川分公司开启线上、线下同步运行的新模式。

2016年，四川分公司全年实现销量51.57万吨，首次突破50万吨大关，同比增量6.88万吨，全年累计实现产品利润1.34亿元，占公司固体利润2.87亿元的46.7%。

2017年3月，西南化工销售分公司决定：刘显朋任四川分公司经理，免去杨明辉兼任的四川分公司经理职务。10月，西南化工销售分公司决定：徐信沣任四川分公司副经理。领导分工随之调整：经理刘显朋负责分公司全面工作；副经理姜卫华分管高压、线性、低压产品销售、技术服务和工会工作；副经理徐信沣负责分管聚丙烯、工程塑料、合成橡胶、聚酯切片产品的销售、宣传和对外联络工作。

2017年，四川分公司全年完成销量55.05万吨，同比增量3.5万吨，实现利润9801万元，同比提升19%，各项经营业绩处于历史最好水平。

2018年，全年销量59.18万吨，同比增量4.15万吨，增幅7.5%，除线性产品减量1.2万吨，其他大类产品全部增量。吨利润127元，实现利润7512万元，占公司固体利润的109%。直销量同比增加8.8万吨，增幅48%，直销率同比提升13.4%，超年度指标7%。四川石化产品销售34.3万吨，占公司川化产品比例达45.4%，同比提升3.8%，除线性产品占比40%以外，其他产品占比均达到45%以上。“高新专”销售31.2万吨，超计划指标3.98吨，高新专产品占分公司销量比例达到53%。

截至2018年12月31日，四川分公司设经理1人，副经理2人，内设综合管理、销售业务、销售内勤、仓储管理等岗位，在册员工15人，共有党员6人。四川分公司共有领导3人：刘显朋任经理；姜卫华任副经理；徐信沣任副经理。

一、四川分公司领导名录（2014.1—2018.10）

经　　理　杨明辉（2014.1—2015.11；兼任，2015.11—2017.3）
　　　　　　刘显朋（2017.3—2018.12）

副 经 理　姜卫华（2014.1—2018.12）
　　　　　　徐信沣（2017.10—2018.12）

二、四川分公司其他管理人员名录（2014.1—2018.12）

高级主管　龚德词（女，2014.1—2018.12）
　　　　　　宋承宇（2017.7—2018.12）

主　　管　徐信沣（2014.1—2017.10）
　　　　　　付　阳（2017.11—2018.12）
　　　　　　谢　昆（2016.1—2018.12）
　　　　　　王炬宏（2014.1—2017.12）
　　　　　　贾连平（2017.11—2018.12）

第二节　重庆分公司（2014.1—2018.12）

2004年重庆销售部成立，机构规格正科级，办公地点在重庆市南岸区南坪浪高凯悦24FC2。2009年6月，成立重庆销售分公司，机构规格副处级，办公地点搬迁至九龙坡区石桥铺火炬大厦1号楼10楼。9月，更名为重庆分公司；10月，成立重庆分公司党支部；12月，成立重庆分公司工会。

主要职责：负责本单位党团建设、行政管理、所属区域经营管理、仓储管理以及负责组织开展本单位具体业务和QHSE体系建设工作。

截至2014年1月1日，重庆分公司在册人员20人，共有党员10人。共有领导3人：袁军任经理，全面负责分公司各项工作事务；王志宏任副经理，负责区域调研和仓储管理及销售业务；李青峰任副经理，负责财务、综合的班子分工，并形成副经理协助配合经理管理分公司各项工作的基层班子模式。下设业务一部、业务二部（仓储部）、综合部、财务部等4个部门。

2012 年 12 月 8 日正式启动首个集仓储、调运、配送于一体的固体自建库项目建设。2013 年销量突破 20 万吨。

2014 年 3 月，重庆分公司承接公司液体产品在长江流域的安全储运业务，设江顺、天旭区外二级库，分公司派 3 名员工驻江顺液体库，监管承运单位运营。

2014 年 3 月，西南化工销售分公司决定：范丁任重庆分公司经理；免去袁军的重庆分公司经理职务，调业务四处工作。4 月，重庆仓储中心取得运营资格。5 月，在重庆分公司召开船务和仓储中心现场办公会。7 月，在重庆召开 2014 年上半年用户座谈会。9 月，仓储中心正式取得燃气资质，实现项目通气。10 月，完成重庆仓储中心质量验收。11 月，取得重庆仓储中心的用电资质。12 月，在重庆召开 2015 年液体产品订货暨客户座谈会、仓储运输安全环保会议。同月，一辆装载 30 多吨低压 5502 产品的车辆驶入重庆仓储中心，标志着公司第一个自主设计和建设的固体中心库正式投运，改写了公司前沿仓库全部租用的历史。

2014 年，重庆分公司实现销量近 23 万吨，同比增量近 2 万吨，利润 588.55 万元、同比增长 365.48 万元；液体产品入库 53.97 万吨，转运 52.4 万吨；全年累计节省费用 187.71 万元，加快二级库库存周转增收 257 万元。获得年度财务工作先进集体、内控先进集体。

2015 年 1 月，重庆分公司办公地点搬迁至重庆仓储中心项目所在地，正式开启集销售、仓储以及行政办公于一体的工作模式。2 月，完成仓储中心防雷验收。3 月，取得重庆仓储中心食堂卫生许可证。4 月，实现销量 20711 吨，单月销量首次突破 2 万吨。5 月，承办西南化工销售公司优秀团员青年表彰暨岗位经验交流会。6 月，重庆分公司成功加入重庆市塑料行业协会并成为副会长级单位，开创了同行业企业互动、政企合作的平台。7 月，重庆分公司完成营业执照地址和负责人的变更。地址由重庆市九龙坡区石桥铺火炬大厦 1 号楼 10 楼，变更为重庆市沙坪坝区土主镇土主中路 199 号附 1–443 号。8 月，集团公司巡视组进驻重庆分公司开展巡视工作。11 月，重庆分公司实现月销量 2.47 万吨，其中聚丙烯首次突破万吨月销量大关。12 月，召开分公司 2015 年大客户座谈会。

2015 年，全年固体化工产品实现销量 24 万吨，其中四川石化产品销量

13.77万吨，占比分公司总销量的57%；区域市场占有率首次达到50%。全年走访30个园区的300多家企业，与驻地在内的10家大型终端达成直接合作，引进大型贸易商中化塑料，与潜在客户万里、昌唐、永高等25家终端企业建立信息沟通平台，顺利完成独山子线性茂金属EZP2010HA新产品的试用和清库销售，填补了区域市场中油线性茂金属产品的市场空白。重庆仓储中心年周转量达36.5万吨，单日最高吞吐量0.23万吨，实现仓储收入185.65万元。液体产品全年入库80.83万吨、转运80.93万吨。全年开展帮扶活动，资助3名大学生共8000元助学金。荣获2015年度先进集体、安全工作先进集体、财务工作先进集体和先进党支部。范丁获得2015年集团公司劳动模范。

2016年6月，重庆分公司半年销量突破15万吨，同比增加4.7万吨，增幅45.8%，四川石化产品销量占比62%，区域市场占有率达49%，创历史同期最好水平。7月，重庆分公司青年集体荣获集团公司"青年文明号"。9月，重庆分公司在中国西部（重庆）塑料生态产业园组织召开2016年重庆区域用户座谈会暨梁平塑料产业合作洽谈会。12月，重庆仓储中心竣工验收会召开，标志着仓储中心工程项目建设全面竣工。

2016年11月，西南化工销售分公司决定：马国平任重庆分公司副经理。

2016年，重庆分公司销量突破30万吨，取得里程碑成绩，迈上新历史台阶。全年累计销售化工产品31万吨，销量同比增加6.8万吨，增幅29%；直销量9.9万吨，直销率32.6%，增幅42%；实现销售收入23.7亿元，吨利润199元。四川石化产品累计销售19.8万吨，占西南公司整体销量22.6%，占分公司整体销量64.6%。全年月累计走访新终端企业180家，涉及汽车、包装、改性、管材等十多个领域，与光能集团、顾地科技等竞争对手下游客户实现合作，共引进终端10家，采购增量达3120吨。仓储中心全年入库18.3万吨，出库18.1万吨，平均日库存约0.8万吨，自有库存与寄存料比例3∶5。液体中转共计入库1.5万车次、75.1万吨；出库228船、143车、75万吨；中转量136.1万吨。

2017年3月，西南化工销售分公司决定：董均任重庆分公司副经理；免去王志宏的重庆分公司副经理职务，调业务一处工作。4月，李青峰调西南油气田输气处工作。5 月，重庆团支部在庆祝“五四青年节‘朗读者’”比赛中荣获一等奖。10 月，参加第三届中国（重庆）国际塑料工业展览会。

2017 年 11 月，西南化工销售分公司决定，将重庆分公司原有销售业务和仓储业务进行拆分；原重庆分公司机构名称不变，负责区域内产品销售和新产品推广，市场调研、客户开发管理等工作；将自建库房、二级库房的仓储业务和期货交割库的管理，以及仓储、短运、物业服务商的管理纳入重庆仓储中心，重庆仓储中心的业务和人员划归仓储处管理。董均任仓储处副处长兼重庆仓储中心副主任，免去其重庆分公司副经理职务。

2017 年，重庆分公司全年累计销售化工产品 31 万吨，同比增量 0.04 万吨、增幅 0.1%；销售收入 26.8 亿元，同比提高 3 亿元，增幅 12.5%；实现利润 0.27 亿元，同比减少 0.35 亿元，减幅 56.4%。全年销售四川石化产品 18.01 万吨，占比西南公司总销量 12%，分公司总销量 58%。全年累计走访客户 700 多家（次），成功开发新客户 16 家，完成直销量 11.7 万吨，同比增加 1.6 万吨，增幅 15%，直销率 37.6%。新开发客户年销量 1.5 万吨，占比分公司直销量 13.4%。充分利用电商平台，开拓网上营销增长点，全年实现电商销售 1.55 万吨，完成电商计划 200%。全年严守安全管理红线，加强承包商运行管理，完善 HSE 体系建设。仓储中心全年累计入库 20.5 万吨，出库 19.5 万吨，平均日库存 1.2 万吨。12 月，期货交割库正式运行。

2018 年 1 月，上海联油国际贸易有限公司通过期货交割平台实现产品交易 1500 吨，标志首次期货交割业务顺利完成。5 月，组织部分党员及关键岗位人员前往重庆市廉政教育基地，听取廉洁讲述，在党中央打虎拍蝇、严厉惩治腐败的多种案件中吸取教训，巩固气正风清的工作作风。7 月，组织重庆天诚、国兵、龙昌、天安、永佳和、吉双、中化七家客户召开上半年区域用户座谈会。

2018 年 3 月，西南化工销售分公司决定：杨商艺任重庆分公司副经理。

2018 年 8 月，西南化工销售分公司决定：李恒大任重庆分公司经理；免去范丁的重庆分公司经理职务。9 月，重庆分公司首次运用沙龙模式，组织区域橡塑产品用户开展交流活动。11 月，公司党委第二巡察组进驻重庆分公司。

2018 年，重庆分公司全年完成销量 31.4 万吨，超额完成年度计划指标，实现持续增量；价格到位率100.5%；直销率47.3%；有效客户增长3家；吨利润19.8元；电商销量1.3万吨；高新专产品销售19.9万吨。全年销售四川石化产品16.2万吨，占分公司总销量51.7%；全年累计走访客户350家（次），成功开发新客户10家；全年销售高效产品9.9万吨、新产品1.6万吨、专用料8.3万吨。结合“三会一课”制度，以“6+N”模式组织开展支部标准化建设，创建了支部活动室。“开发直供客户的对策与实践”项目获得成都市企业管理现代化创新成果二等奖，重庆分公司成为首批获此殊荣的单位。

截至2018年12月31日，重庆分公司设经理1人，副经理2人；内设销售业务、销售内勤、仓储管理等岗位。在册员工18人，本科及以上学历15人；高级职称1人，中级职称4人。共有领导3人：李恒大任经理，全面负责分公司各项事务；马国平任副经理，主管业务；杨商艺任副经理，主管财务、综合。

一、重庆分公司领导名录（2014.1—2018.12）

经　　理　袁　军（2014.1—3）[①]
范　丁（2014.3—2018.8）
李恒大（2018.8—12）

副 经 理　王志宏（2014.1—2017.3）[②]
李青峰（2014.1—2017.4）[③]
马国平（2016.11—2018.12）
董　均（2017.3—11）[④]
杨商艺（2018.3—12）

二、重庆分公司其他管理人员名录（2014.1—2018.12）

高级主管　王新选（2014.1—2018.12）

主　　管　张乐蒂（女，2014.1—2018.12）
李迎春（2014.1—2018.12）

① 2014年3月，袁军调任业务四处处长。
② 2017年3月，王志宏调任业务一处副处长。
③ 2017年4月，李青峰调西南油气田输气处工作。
④ 2017年11月，董均调任仓储处副处长。

第三节　陕西分公司（2014.1—2018.12）

陕西分公司的前身是2004年4月成立的化工与销售分公司西安销售部，机构规格为科级，办公地点设在陕西省西安市高新二路协同大厦。2005年7月，正式开展业务。2009年6月，成立西安销售分公司；9月，更名为陕西分公司。租赁1个中心库（三民村库）。2012年2月，成立陕西分公司党支部，共有党员7人。2013年1月，机构规格调整为副处级。

主要职责：负责陕西区域内经营管理工作，落实总部营销策略，组织区域内市场调研和预测，收集市场行情和技术信息，提出市场分析、价格调整及新产品研发方向等建议，做好区域内客户服务、协调、监督考核管理，维护市场经营秩序及新产品推广工作；负责本单位仓储管理工作，承担区域内外租库房的日常管理，协助库房的产品收、拨、存，保证存货安全；负责本单位安全、经营、人事、财务、接待、对外联络、沟通协调以及其他综合管理工作；负责本单位党政工团管理工作，做好队伍建设和党风廉政建设工作；负责履行本单位安全环保职责。

截至2014年1月1日，陕西分公司设经理1人、副经理2人，下设业务一部、业务二部（仓储部）、财务部、综合部，在册员工18人，共有党员7人。共有领导3人：郭锋任经理，全面负责分公司各项事务及综合；董刚任业务副经理，主管业务、仓储；黄红任财务副经理，主管财务。

2014年3月，西南化工销售分公司决定：免去郭锋的陕西分公司经理职务，调规划计划处工作；明确副经理董刚主持工作。11月，西南化工销售分公司决定：黄红任陕西分公司副经理（正科级）。12月，西南化工销售公司在陕西分公司召开橡胶产品订货暨用户座谈会。

2014年，面对庆阳石化转产、扩销业务停销和煤化工装置陆续开工的影响，陕西分公司"直面困难，接受挑战"，全年销量达到16.7万吨。为缓解四川石化库存运输压力，陕西分公司承担了5.02万吨固体产品销量，占分公司全年销量的32.2%，虽因流通费用不足导致分公司效益受损，但为公司缓解四川石化高库存压力做出贡献。先后开发延长石油炼化公司、陕西正信、中国石化经销商咸阳华立、神华宁煤经销商北京旭光启业商贸有限公司等用户，全年新用户销量达到1.10万吨，占分公司销量的7%。先后推广并成功进入至市场的独山子TUB121N3000B、独山子高抗冲共聚料K8516、兰港薄壁注塑料H9018累计实现销售0.17万吨。获得2014年度财务先进集体。

2015年1月，西南化工销售分公司决定：方跃任陕西分公司经理，免去董刚的陕西分公司副经理职务（主持工作），调业务二处工作。2月，西南化工销售分公司决定：马国平任陕西分公司副经理。领导分工随之调整：经理方跃全面负责分公司各项事务及综合；副经理马国平主管业务、仓储；副经理黄红主管财务。

2015年，陕西分公司紧紧围绕公司提质、提效、提素的总要求，以调整产品结构和流向优化为经营方向，明确市场定位，充分应对激烈的市场竞争环境，全年实现销售14万吨，其中聚丙烯产品吨利润仅次于四川分公司，排名第二位。聚丙烯专用料销量较14年增幅58%，吨盈利能力位于公司首位。低压产品实现销量4.48万吨，创历年最好水平。全年电话回访客户230余家，专人调研终端厂家43家，发现新用户11家，走访燃气管、PPR管、地暖管、薄壁注塑等专用料厂家12家。

2016年11月，西南化工销售分公司决定：王兴任重庆分公司副经理；免去马国平的陕西分公司副经理职务，调重庆分公司工作；免去黄红的陕西分公司副经理职务，调财务处工作。

2016年，陕西分公司通过调整产品结构，差异化销售应对煤化工冲击成效显著，全年实现利润1989.09万元，同比增加2521.09万元。聚丙烯产品与去年比减量1.53万吨，利润增加995万元。低压产品销售5.38万吨，与去年同期对比增量0.93万吨，实现利润1065万元，占分公司利润总额的54%。全年销售专用料销售3.8万吨，同比增幅26%；其中低压专用料销售3.2万吨，同比增量0.9万吨，专用料销售实现利润728.2万元，占总利润的39%。

2017年4月，西南化工销售分公司决定：杨文玲任陕西分公司财务副经理。

2017年，陕西分公司加大与煤化工竞争较少的低压产品和专用料的销售。低压销售5.62万吨，销量同比增长5%，实现利润1094万元，吨利润

195 元，吨利润排名仅次于四川分公司。聚丙烯专用料销量同比增长 10%，实现利润 174 万元。新产品推广成效显著，线性茂金属销售实现零的突破、地暖管累计销售 2372 吨，平均吨利润 147 元，大幅挤占中石化市场份额。

2018 年 9 月，西南化工销售分公司决定：杨文玲任财务处副处长，仍担任陕西分公司副经理。

2018 年 10 月，陕西分公司划归西北化工销售分公司管理，12 月完成工作交接。

2018 年，陕西分公司全年完成销量 9.55 万吨，价格到位率 99.5%；直销率 43.4%。

截至 2018 年 12 月 31 日，陕西分公司设经理 1 人，副经理 2 人；内设销售业务、销售内勤、仓储管理等岗位。在册员工 14 人，本科及以上学历 10 人，高级职称 1 人、中级职称 3 人。共有领导 3 人：方跃任经理，全面负责分公司全面工作，分管综合业务；王兴任副经理，分管销售业务；杨文玲任副经理，分管财务。

一、陕西分公司领导人员名录（2014.1—2018.12）

经　　理　郭　锋（2014.1—3）①
　　　　　　方　跃（2015.1—2018.12）

副 经 理　董　刚（2014—3；主持工作，2014.3—2015.1）②
　　　　　　黄　红（副科级，2014.1—11；2014.11—2016.11）③
　　　　　　马国平（2015.2—2016.11）④
　　　　　　王　兴（2016.11—2018.12）
　　　　　　杨文玲（2017.4—2018.9；兼任，2018.9—12）

二、陕西分公司其他管理人员名录（2014.1-2018.12）

高级主管　戴　强（2014.1—2018.12）

主　　管　莫新兰（女，2014.1—2018.12）
　　　　　　戴　强（2014.1—2018.12）

---

① 2014 年 3 月，郭锋调任规划计划处处长。
② 2015 年 1 月，董刚调任业务二处副处长。
③ 2016 年 11 月，黄红调任财务处副处长。
④ 2016 年 11 月，马国平调任重庆分公司副经理。

第四节　云南分公司（2014.1—2018.12）

云南分公司前身为化工与销售分公司昆明销售部，于2004年4月正式运营，办公地点在昆明市五华区北京路红塔大厦1908。2009年6月，成立西南化工销售分公司昆明分公司，机构规格正科级，办公地点昆明市五华区青年路志远大厦14楼B座（后搬至20楼A座）。9月，更名为云南分公司，并成立昆明支部。2010年7月，更名为云南支部。2013年1月，机构规格调整为副处级。

主要职责：负责中国石油下属炼化企业合成树脂、合成橡胶、合成纤维及有机化工产品在云南区域的销售业务、云南石化化工产品的运输业务、区域内销售信息的收集与传递，财务结算与发票开具等工作；负责落实总部营销策略，组织区域内市场调研和预测，收集市场行情和技术信息，提出市场分析、价格调整及新产品研发方向等建议；负责做好区域内客户服务、协调、监督考核管理工作，维护市场经营秩序；负责区域内产品销售及新产品推广工作。

截至2013年12月，云南分公司设经理1人，副经理2人，内设综合管理、销售业务、销售内勤、仓储管理、会计等岗位，在册员工17人，共有党员9人。共有领导3人：秦文丽任副经理，负责全面工作；王兴任副经理，负责分公司业务、仓储相关管理工作；李文利任副经理，负责分公司财务、工会及综合相关管理工作。全年销售各类化工产品12.44万吨，同比增加0.9万吨，增幅7.8%。

2014年1月，办公地点搬迁至昆明市西山区滇池路555号阳光酒店15层。11月，西南化工销售分公司决定：王兴任云南分公司副经理（正科级）。

2014年，云南分公司销售各类化工产品14.47万吨，同比增加2.03万吨，增幅16.3%。直销率29%，同比增长1.8%。各品种增量均达13%以上，其中低压和聚丙烯产品销量增幅较大，分别为21%和17%，云南区域中国石油产品市场占有率达到70%。获得2014年度财务工作先进集体；吴海燕、张绍柱获得2014年度先进个人。

2015年3月，西南化工销售分公司决定：李文利任云南分公司副经理（正科级）。

2015年8月，月销量突破1.89万吨，同比增幅达54.4%；价格到位率100.95%，销售创历史最好水平。

2015年12月，西南化工销售分公司决定：秦文丽任云南分公司经理。领导分工随之调整：经理秦文丽负责全面工作；副经理王兴负责分公司业务、仓储相关管理工作；副经理李文利负责分公司财务、工会及综合相关管理工作。

“十二五”期间，云南分公司累计销售各类化工产品66.1万吨，累计实现销售收入46.2亿元，销售量从2011年的10.4万吨增长到2015年的18.3万吨，增幅75.96%。

2016年11月，西南化工销售分公司决定，将云南分公司调运业务划出，成立安宁调运部；刘国强任云南分公司经理；武玮任云南分公司副经理；秦文丽任安宁调运部经理，免去其云南分公司经理职务；免去王兴的云南分公司副经理职务，调陕西分公司工作。领导分工随之调整：经理刘国强负责全面工作，分管综合、党建工作；副经理武玮分管销售业务及仓储、安全管理工作；副经理李文利分管财务、工会等工作。

2016年，云南分公司全年销售各类产品21.7万吨，计划完成率101.0%，单位毛利505元，实现利润128元/吨，实现盈利2771万元，价格到位率完成101.49，圆满完成各项KPI考核指标。朱林涛获得2016年度内控与风险管理先进个人。

2017年，云南分公司全年销售各类产品20.6万吨，计划完成率94.4%，价格到位率101.5，直销率54.1%，吨利润41元/吨。何飞获得2016—2017年度先进个人；张绍柱获得2017年度安全先进个人；袁琛昊获得2017年优秀共产党员。

2018年10月，西南化工销售分公司决定：高小盾任云南分公司经理；免去刘国强的云南分公司经理职务。

2018年，云南分公司实现销售17.7万吨，价格到位率101.3%，价格对标109.4分，直销率54.3%，双轨制吨利润92元。各项指标均完成KPI考核目标。

截至2018年12月31日，云南分公司设经理1人、副经理2人；内设销售业务、销售内勤、仓储管理、综合管理等岗位，在册员工14人，共有党员8人。共有领导3人：高小盾任经理，负责全面工作，分管人事劳资、行政后勤工作、党建工作；武玮任副经理，分管销售业务及仓储、安全管理工作；李文利任副经理，分管财务、工会等工作。

一、云南分公司领导名录（2014.1—2018.12）

经　　理　秦文丽（女，2015.12—2016.11）
刘国强（2016.11—2018.10）
高小盾（2018.10—12）

副 经 理　秦文丽（主持工作，2014.1—2015.12）
王　兴（副科级，2014.1—11；2014.11—2016.11）
李文利（副科级，2014.1—2015.3；2015.3—2018.12）
武　玮（2016.11—2018.12）

二、云南分公司其他管理人员名录（2014.1—2018.12）

主　　管　宁显辉（2014.1—2018.12）
甘自力（2014.1—4）
李　冬（2016.1—11）

第五节　贵州分公司（2014.1—2018.12）

贵州分公司前身是化工与销售分公司贵阳销售部，于2004年9月正式营业，办公地点在贵阳市南明区中华南路45号华坤发展大厦15层4号房。2009年6月，成立贵州销售分公司，机构规格正科级；9月，更名为贵州分公司。11月，办公地点迁至贵阳市南明区中华南路45号华坤发展大厦18层B、C座，设租赁2个中心库、1个二级库。2009年9月，成立贵阳支部，2010年7月，更名为贵州支部。

主要职责：负责本单位党政工团管理工作；做好队伍建设和党风廉政建

设工作；负责本单位安全、经营、人事、财务、接待、对外联络、沟通协调以及其他综合管理工作；负责落实公司营销策略，组织区域内市场调研和预测，收集市场行情和技术信息，提出市场分析、价格调整及新产品研发方向等建议；负责做好区域内客户服务、协调、监督考核管理工作；负责区域内产品销售及新产品推广工作；负责区域内市场库的日常管理，监督区域内库房的产品收、拨、存，保证存货安全；负责履行本单位安全环保职责。

截至 2014 年 1 月 1 日，贵州分公司设经理 1 人，副经理 2 人，内设销售业务、销售内勤、仓储管理、综合管理等岗位。在册员工 17 人，共有党员 6 人。共有领导 3 人：刘显朋任副经理（主持工作），负责分公司全面管理工作；卢万宁任副经理，负责分公司业务、仓储相关管理工作；吴晶任副经理，负责分公司财务、工会及综合相关管理工作。

2014 年 9 月，股份公司决定，贵州分公司机构规格由科级调整为副处级。

2014 年 11 月，西南化工销售公司决定：卢万宁任贵州分公司副经理（正科级）。

2014 年，贵州分公司全年销售化工产品 11.45 万吨，销量同比增加 0.1 万吨，实现销售收入 113612.45 万元，直销率 35.39%，价格到位率 100.68%，全年 KPI 得分为 96.86，列各分公司之首。

2015 年 3 月，西南化工销售公司决定：吴晶任贵州分公司副经理（正科级）。

2015 年 12 月，西南化工销售公司决定：刘显朋任贵州分公司经理。

2015 年，贵州分公司全年累计销售化工产品 12.42 万吨，同比增加 0.9 万吨，其中塑料产品增量 1.13 万吨，剔除医用专用料亏损及贵轮财务费用影响，实际吨利润 10.4 元，价格到位率 100.88%，直销率 40.61%。其中，四川石化产品累计销售 7.21 万吨，占分公司总销量的 58.03%。聚丙烯拉丝料全年销售 3.27 万吨，同比增加 0.6 万吨。四川石化顺丁胶在贵州轮胎首次销售 0.4 万吨。

2016 年，贵州分公司通过调整产品资源配置及销售结构，加大专用料产品销售，市场占有率达到 76%，较 2015 年提升 6%，其中塑料产品市场占有率达到 78%，较 2015 年提升 8%，区域市场竞争能力进一步增强。共开发销售新产品7个牌号，销量为6182吨，其中医用专用料销售达到4349吨，盈利76万元，扭转了推广期亏损的问题，该产品正在取得大多数药用包装企业的认证。

2017年3月，西南化工销售公司决定：李恒大任贵州分公司副经理（主持工作）；刘显朋任四川分公司经理，免去刘显朋的贵州分公司经理职务，调四川分公司工作。

2017年10月，西南化工销售分公司决定：李恒大任贵州分公司经理。

2017年，贵州分公司全年重点走访大型终端用户80余次，调研100余家，建立客户档案编辑资料101份，以及季度市场调研报告4份，年度市场调研报告1份。医用专用料销售1.04万吨，同比增量5573吨，增幅达114%，管材销售2.7万吨，同比增量近4000吨，增幅达17%。

2018年8月，西南化工销售公司决定：免去李恒大的贵州分公司经理职务，调重庆分公司工作；孟瑶任贵州分公司副经理（主持工作）。

2018年，贵州分公司全年销售化工产品16.5万吨，直销率61.8%，直销量10.24万吨，其中工贸一体按50%计算，直销量0.8吨。全年累计现场走访40余次。王宁获得“青年先锋”称号。

截至2018年12月31日，贵州分公司设经理1人，副经理2人，内设销售业务、销售内勤、仓储管理、综合管理等岗位。贵州分公司在册员工13人，共有党员6人。本科及以上学历11人，高级职称1人，中级职称2人。共有领导3人：孟瑶任副经理（主持工作），负责分公司全面管理工作；卢万宁任副经理，负责分公司业务、仓储相关管理工作；吴晶任副经理，负责分公司财务、工会及综合相关管理工作。

一、贵州分公司领导名录（2014.1—2018.12）

经　　理　刘显朋（2015.12—2017.3）
　　　　　　李恒大（2017.10—2018.8）

副 经 理　刘显朋（主持工作，2014.1—2015.12）
　　　　　　卢万宁（2014.1—11；正科级，2014.11—2018.12）
　　　　　　吴　晶（女，2014.1—2015.3；正科级，2015.3—2018.12）
　　　　　　李恒大（主持工作，2017.3—10）

孟　瑶（主持工作，2018.8—12）

二、贵州分公司管理人员名录（2014.1—2018.12）

高 级 主 管　廖子莹（2017.10—2018.12）

第六节　湖南分公司（2014.1—2018.12）

湖南分公司前身是化工与销售分公司长沙销售部，于2004年4月正式营业，办公地点在湖南省长沙市芙蓉区五一路68号亚大时代大厦1101室。2009年6月，成立湖南分公司。2010年2月，办公地点迁至长沙市芙蓉中路一段163号新时代广场北栋2302室，设租赁1个中心库、1个二级库。

主要职责：负责本单位党群和行政管理工作；负责所属区域内经营管理、销售业务；负责组织开展本单位具体业务和QHSE体系建设工作。负责本单位党政工团管理工作；做好队伍建设和党风廉政建设工作；负责本单位安全、经营、人事、财务、接待、对外联络、沟通协调以及其他综合管理工作。

截至2014年1月1日，湖南分公司设经理1人，副经理2人；内设销售业务、销售内勤、仓储管理、综合管理、会计等岗位，在册员工13人，共有党员6人。共有领导3人：范丁任经理，负责全面工作；徐运涛任副经理，负责分公司业务、仓储相关管理工作；宋玉芝任副经理，负责分公司财务、工会及综合相关管理工作。

2014年3月，西南化工销售分公司决定：免去范丁的湖南分公司经理职务，调重庆分公司工作；杨文胜任湖南分公司经理。

2014年9月，股份公司决定，湖南分公司机构规格由正科级调整为副处级。

2014年11月，西南化工销售分公司决定：徐运涛任湖南分公司副经理（正科级）。

2014年，湖南分公司全年销量累计11.25万吨，同比增长9%，直销率22%，价格到位率100.14%；其中四川石化产品销售4.43万吨，占总销量40%。获得先进党支部；陈坤获得年度优秀党员，吴海燕获得优秀宣传报道员。

2015年3月，西南化工销售分公司决定：宋玉芝任湖南分公司副经理

（正科级）。

2015 年，湖南分公司立足本地市场，依托中心库和二级库布局，稳固了区域占比 1/3 的市场份额。全年销售各类化工产品 12.72 万吨，其中四川石化产品 5.44 万吨，占总销量 43%。按 KPI 指标 12 万吨算，全年计划完成率为 106%，超量 0.72 万吨。销售收入 96302 万元，同比减少 9505 万元；吨毛利 399 元，同比增加 35 元；吨利润 –112 元，同比增加 108 元。唐建逢获得年度先进个人；姜宏宇获得集团公司优秀青年、优秀共产党员；冯子煜获得优秀团员青年；吴海燕获得优秀宣传报道员。

2016 年 11 月，西南化工销售分公司决定：免去徐运涛的湖南分公司副经理职务，调业务五处工作；满万江任湖南分公司副经理。

2016 年，湖南分公司全年销售化工产品 13.01 万吨，完成全年 KPI 销量指标，同比增量 0.37 万吨，增幅 3%；市场占有率达到 39% 增长 2%，一举扭转长期亏损的局面。实现效益 1368 万，吨利润 105 元 / 吨，吨毛利 569 元；价格到位率 100.3%，价格对标整体较好；直销率 41%，超 KPI 指标 11%。姜宏宇获得西南化工销售分公司先进个人，程蓉、唐建逢获得西南化工销售分公司安全先进个人。

2017 年 6 月，办公地点迁至长沙市芙蓉北路 1050 号湖南天格物流中心 801 室。

2017 年 11 月，西南化工销售分公司决定：免去杨文胜的湖南分公司经理职务，调仓储处工作。

2017 年，湖南分公司全年销售化工产品 13.11 万吨，同比增量 0.1 万吨，增幅 1%；受煤化工资源影响，聚丙烯拉丝等产品销量同比减少，中国石油产品市场占有率降至 39%；湖南吨毛利 437 元。在远离生产企业、81% 的产品运费高出流通费用标准的大前提下，攻坚克难，抵住竞争对手和煤化工的冲击，担负起公司滞销、难销产品的降库任务，全年吨利润 5 元，总计盈利 71 万元，剔除橡胶累计盈利 454 万元。价格到位率 100.14%，直销率 37.8%，欠 KPI 指标 2.1%。吴海燕获得年度安全先进个人，冯子煜获得年度内控先进个人，姜宏宇获得 2016—2017 年度优秀共产党员。

2018 年 3 月，西南化工销售分公司决定：满万江任湖南分公司经理，陈坤任湖南分公司副经理。领导分工随之调整：经理满万江负责全面工作；

副经理陈坤负责分公司业务、仓储相关管理工作；副经理宋玉芝负责分公司财务、工会及综合相关管理工作。

2018年，湖南分公司克服四川石化检修、煤化工资源影响及下游开工不足等多方面不利因素，将四川石化停产检修带来通用料资源不足的挑战转变为机遇，加快产品转型升级和结构调整，开展“四个一批”攻坚和“高新专”产品的销售。全年销售各类化工产品12.35万吨，直销率42.8%。除效益指标外，完成了其他各项KPI指标，迈出了转型升级第一步。姜宏宇获得年度青年先锋，吴海燕获得优秀青年团干部。

截至2018年12月31日，湖南分公司设经理1人，副经理2人，设销售业务、销售内勤、仓储管理、综合管理、会计等岗位。湖南分公司在册员工14人，其中党员8人。本科及以上学历9人，高级职称2人，中级职称1人。共有领导3人：满万江任经理，宋玉芝任副经理，陈坤任副经理。

一、湖南分公司领导名录（2014.1—2018.12）

经　　理　范　丁（2014.1—3）[①]
杨文胜（2014.3—2017.11）[②]
满万江（2018.3—12）

副 经 理　徐运涛（2014.1—9；副科级，2014.9—11；2014.11—2016.11）[③]
宋玉芝（女，2014.1—9；副科级，2014.9—2015.3；2015.3—2018.12）
满万江（2016.11—2018.3）
陈　坤（2018.3—12）

二、湖南分公司管理人员名录（2014.1—2018.12）

高级主管　陈　坤（2017.7—2018.3）

主　　管　谢丽萍（女，2014.1—2018.12）
黄　新（满族，2014.1—2018.12）

---

① 2014年3月，范丁调任重庆分公司经理。

② 2017年11月至2018年3月期间，湖南分公司经理空缺。

③ 2016年11月，徐运涛调任业务五处副处长。

陈　坤（2014.1—2017.7）

姜宏宇（2018.7—12）

第七节　彭州调运分公司—彭州调运部（2014.1—2018.12）

为进一步加强调运业务管理，确保四川石化产品后路畅通，2012 年 8 月 7 日，成立彭州调运分公司，机构规格副处级。办公地点设在彭州市天彭镇牡丹西路南段 45 号逸都中心写字楼 9 楼。2012 年 10 月，成立彭州调运分公司党支部。

主要职责：负责四川石化产销衔接，协调地区公司产品的均衡缴库；负责执行公司产品运输调运计划，落实协调地区公司产品运输计划的执行；负责做好与承运物流单位日常业务衔接、现场装运和计量确认；负责本单位党政工团管理工作，做好队伍建设和党风廉政建设工作；负责本单位安全、经营、人事、财务、接待、对外联络、沟通协调以及其他综合管理工作；负责公司自备罐车的现场管理工作；负责本单位 HSE 体系、质量管理体系和法律风险防控体系相关工作。

截至 2014 年 1 月 1 日，彭州调运分公司设经理 1 人，副经理 1 人，设综合计划、运输管理、买断对账、自备车管理、综合统计、数据录入、综合管理等岗位。在册员工 25 人，共有党员 7 人。共有领导 3 人：高小盾任经理，负责全面工作，分管党政工团、人事劳资工作；张建新任副经理，分管产销衔接、调运计划、统计报表、自备车现场管理工作、组织与四川石化商务纠纷（质量、计量）协调处理工作；总经理办公室副经理第海涛兼任副经理，分管行政后勤工作。

2014 年 2 月，四川石化首批公路液体化工产品出厂。11 月，二级库璟琦库投入使用。2014 年 11 月，西南化工销售分公司决定：免去第海涛兼任总经理办公室副主任职务。

2014 年，彭州调运分公司总计发运四川石化有限责任公司各类产品 139.96 万吨，全面完成下达的 KPI 考核指标。西南区域均衡差率 10%，低于公司 KPI 考核指标 5%。重点计划完成率 95%。买断调出时点均衡差率 17%，低于公司 KPI 考核指标 13%。获得 2014 年度先进集体、2014 年度先进党支部、2014 年度安全先进集体、宣传工作先进集体。李沛哲、仝玮霞 2 人获得先进个人；张建新获得优秀共产党员。

2015 年 10 月，打通中铁快运发运流程。

2015 年，彭州调运分公司总计发运四川石化有限责任公司各类产品 232.44 万吨，同比 2014 年增加了 92.48 万吨，增幅达到 66%。首次实现单日液体装运 142 车 7716 吨的装车量，铁路日发运量首次突破 1 万吨大关。获得集团公司先进集体、2015 年度先进集体、优秀党支部、安全先进集体。李侍珉获得优秀团员、优秀党员。李星宇、何雨洁 2 人获得先进个人；敬树蓉获得优秀宣传员；王晓晖获得安全先进个人。

“十二五”期间，彭州调运分公司总计发运四川石化有限责任公司各类化工产品 372.04 万吨，调运量从 2014 年 139.96 万吨快速攀升到 232.44 万吨，增幅达 66%。

2016 年 12 月，股份公司审批同意，彭州调运分公司更名为彭州调运部。

2016 年，彭州调运部调运总计发运四川石化有限责任公司各类化工产品 265.8 万吨，其中固体 121.17 万吨，液体 144.63 万吨；公路 89.79 万吨，铁路 176.01 万吨，西南区域 190.30 万吨，区外调拨 75.5 万吨；同比增加了 33.35 万吨，增幅 14%，全面完成全年 KPI 考核指标，其中区域运输均衡差率 7%，相比考核指标降低 5%，同比降低 4%；买断时点调出均衡差率 7%，相比考核指标降低 8%，同比增加 1%；重点运输计划完成率始终保持 100%。

2017 年 1 月，西南化工销售分公司决定：免去张建新的彭州调运部副经理职务，退出领导岗位。领导分工随之调整：经理高小盾负责全面工作，分管行政后勤、人事劳资、党建工作；副经理第海涛分管产销衔接、调运计划、统计报表、自备车现场管理等工作，组织与四川石化公司商务纠纷的（质量、计量）协调处理工作。

2017 年，彭州调运部总计发运四川石化各类化工产品 277.18 万吨，其中固体 119.11 万吨，液体 158.07 万吨；公路 186.07 万吨，铁路 91.11 万吨，西南区域 224.08 万吨，区外调拨 53.1 万吨；发运量较去年同期增加 11.39 万吨，增幅 4%，全面完成 KPI 指标，区域运输均衡差率 7%，比公司考核指标降低 3%；买断时点调出均衡差率 8%，比公司考核指标降低 4%，重点计划完成率 100%。秦佩获得内控与风险管理先进个人。

2018 年 10 月，西南化工销售分公司决定：免去高小盾的彭州调运部经理职务，调云南分公司工作；袁军任彭州调运部经理职务。

2018 年，彭州调运部总计发运四川石化各类化工产品 214.23 万吨。固体 92.71 万吨，液体 121.52 万吨；公路 88.81 万吨，铁路 117.99 万吨，管输 7.43 万吨，西南区域 183.44 万吨，区外调拨 30.79 万吨。受 2018 年四川石化停工检修影响，发运量较 2017 年减少了 63.19 万吨，减幅 23%。全面完成 KPI 指标。区域运输均衡差率 5.5%，KPI 指标提升 4.5%。较 KPI 指标提升 5%。互供计划完成率 100%，较 KPI 指标提升 10%。重点计划完成率 100%。自备车装载量得分 12 分，较 KPI 指标提升 2 分。自备车周转率得分 5.8 分，较 KPI 指标提升 0.8 分，调运计划完成率 100%。彭州支部《认清新形势、肩负新任务、明确新目标、实现新作为》获得集团公司优秀课件，高小盾获得优秀宣讲员。

截至 2018 年 12 月 31 日，彭州调运分公司设经理 1 人，副经理 1 人，设综合计划、运输管理、买断对账、自备车管理、综合统计、数据录入、综合管理等岗位。在册员工 16 人，共有党员 9 人。共有领导 2 人：袁军任经理，负责全面工作，分管人事劳资、行政后勤工作、党建工作；第海涛任副经理，分管产销衔接、调运计划、统计报表、自备车现场管理工作，组织与四川石化公司商务纠纷（质量、计量）协调处理工作。自 2012 年成立以来，总计发运四川石化各类化工产品 1129.71 万吨，加强自备罐车管控，自备罐车临修车数量从 2014 年的 65 车降低到 2018 年的 20 车。自备车平均综合周转天数从 6.3 天下降到 4.6 天。获得集团公司先进集体 1 次，集团公司安全先进集体 1 次，获得集团公司安全先进个人 1 次。

一、彭州调运分公司—彭州调运部领导名录（2014.1—2018.12）

经　　理　高小盾（2014.1—2018.10）①

　　　　　　袁　军（2018.10—12）

① 2018 年 10 月，高小盾调任云南分公司经理。

副　经　理　张建新（2014.1—2017.1）[①]

第海涛（兼任，2014.1—11；2014.11—2018.12）

二、彭州调运分公司—彭州调运部管理人员名录（2014.1—2018.12）

高 级 主 管　王晓晖（2014.7—2018.12）

贾　崇（2018.7—12）

主　　　管　宓　红（2015.12—2017.5；2018.8—12）

陈　惠（2014.1—2017.11）

贾　崇（2017.6—2018.7）

马　翔（2017.7—2018.12）

季明娟（女，2015.4—2017.6）

第八节　安宁调运部（2016.11—2018.12）

随着云南石化建成投产，为确保石化产品调运工作的无缝连接，2016 年 11 月，西南化工销售分公司决定，将云南分公司调运业务划出，成立安宁调运部，机构规格副处级，办公地点设在云南省安宁市昆畹东路 8 号中石油大厦 15 层。

主要职责：负责本单位党政工团管理工作，做好队伍建设和党风廉政建设工作；负责本单位安全、经营、人事、财务、接待、对外联络、沟通协调以及其他综合管理工作。

2016 年 11 月，西南化工销售分公司决定：秦文丽任安宁调运部经理。

2016 年 12 月，完成与昆明铁路局《2017 年托运危险货物安全协议》的签订工作。

截至 2016 年 12 月 31 日，安宁调运部设经理 1 人，内设计划岗、公路数据录入岗、铁路数据录入岗、安全管理等岗位，在册员工 14 人，共有党员 3 人。

2017 年 1 月，成立安宁调运部党支部，共有党员 3 人。

---

① 2017 年 1 月，张建新退出领导岗位。

2017年7月，在云南石化专用线和麒麟编组站对首批200辆配套自备罐车进行罐体检查工作。

2017年10月，西南化工销售分公司决定：王天喜任安宁调运部副经理。领导分工随之调整：经理秦文丽负责全面工作，副经理王天喜分管调运和安全工作。

2017年，安宁调运部共发运产品21.508万吨，其中混苯9.147万吨，苯2.825万吨，丙烯4.549万吨，液硫4.77万吨，液氨0.216万吨。

2018年5月，安宁调运部开展公路应急演练。7月，成立安宁工作小组以积极配合公司此次巡察。10月，安宁调运部打通公路运输现场办公流程。

2018年，安宁调运部共发运产品67.39万吨，其中混苯22.14万吨，苯7.05万吨，丙烯1.66万吨，液硫20.84万吨，液氨0.74万吨。互供计划完成率93%，自备车装载量得分12分，自备车周转率得分5.43分，调运计划完成率100%。

截至2018年12月31日，安宁调运部设经理1人，副经理1人，内设计划统计岗、公路运输管理岗、自备车管理岗、安全管理岗、综合管理等岗位，在册员工10人，共有党员3人。共有领导2人：秦文丽任经理，负责调运部行政和党支部全面工作，组织落实各项调运部工作，协调调运部各部门正常工作开展，负责落实HSE体系建设要求和内控风险防范；王天喜任副经理，分管调运业务及所辖业务范畴的安全、纪检相关工作。

一、安宁调运部领导名录（2016.11—2018.12）

经　　理　秦文丽（2016.11—2018.12）

副 经 理　王天喜（2017.10—2018.12）

二、安宁调运部管理人员名名录（2016.11—2018.12）

主　　管　李　冬（2016.11—2017.10）

姜　波（2016.11—2017.10）

第四章　党工团组织

截至2014年1月1日，西南化工销售分公司党委下设直属机关党委1个、党支部15个，党员人数149人。西南化工销售分公司工会委员会下设5个机关基层工会委员会和7个分公司基层工会委员会。西南化工销售分公司团委设3个团支部。西南化工销售分公司共有35岁以下团员青年102人，占公司员工总数的40%。其中党员50人，占青年员工的49%；团员32人，占青年员工的31%。

2014年1月，成立湖南分公司党支部。

2014年4月，公司团委举行换届改选，选举产生第二届团委委员，同月对基层团组织进行调整。5月，西南化工销售分公司党委决定，批复部分党支部书记补选结果。

2015年3月，西南化工销售分公司党委决定，批复陕西分公司党支部书记补选结果。

2016年10月，西南化工销售分公司党委决定，批复第三届基层党支部选举结果。

2017年1月，西南化工销售分公司党委决定，成立安宁调运部党支部。

2017年5月，经四川省国资委党委批复同意，西南化工销售分公司召开第一次党员代表大会，严格按照党章选举产生中共西南化工销售分公司第一届委员会、纪律检查委员会委员。

2017年8月，西南化工销售分公司党委决定，调整部分机关党支部设置。

2018年2月，西南化工销售分公司党委决定，调整机关党支部设置。

截至2018年12月31日，西南化工销售分公司党委下设直属机关党委1个、党支部16个，党员人数159人。西南化工销售分公司工会委员会下设6个机关基层工会委员会和7个分公司基层工会委员会，工会会员242人。西南化工销售分公司团委设3个团支部，团员39人。

第一节　党组织（2014.1—2018.12）

2012年10月，西南化工销售分公司完成各基层党支部换届选举工作，基层党支部由上届9个调整为15个，选举产生新一届支部委员39人。其中，机关一支部由总经理办公室（党委办公室）所属党员组成；机关二支部由党群工作处（企业文化处）和审计监察处（纪委办公室）的党员组成；机关三支部由人事处（党委组织部）的党员组成；机关四支部由财务处的党员组成；机关五支部由规划计划处、市场信息与价格处的党员组成；机关六支部由企管法规处（质量安全环保处）的党员组成；机关七支部由业务一处、业务二处、业务三处、业务四处和技术服务处的党员组成；机关八支部由仓储运输处的党员组成。

截至2014年1月1日，西南化工销售分公司党委下设直属机关党委1个、党支部15个，共有党员149人。

2014年1月，成立湖南分公司党支部。

2014年5月，西南化工销售分公司党委决定：郭锋任机关五支部书记；范丁任重庆分公司党支部书记；杨文胜任湖南分公司党支部书记；董刚任陕西分公司党支部书记。

2015年3月，西南化工销售分公司党委决定：方跃任陕西分公司党支部书记，董刚不再担任陕西分公司党支部书记。

2016年10月，西南化工销售分公司决定，调整机关党支部设置：机关一支部由总经理办公室（党委办公室）全体党员组成；机关二支部由党群工作处（企业文化处）、人事处（党委组织部）全体党员组成；机关三支部由财务处全体党员组成；机关四支部由计划调运处全体党员组成；机关五支部由业务一处、二处、三处、四处全体党员组成；机关六支部由审计监察处（纪委办公室）、企管法规处（质量安全环保处）全体党员组成；机关七支部由市场信息与价格处、业务五处全体党员组成；机关八支部由仓储处、技术服务处全体党员组成。陈效军任机关一支部书记，廖良成任机关二支部书记，李凡任机关三支部书记，郭锋任机关四支部书记，刘国强任机关五支部书记，邱永君任机关六支部书记，李奕任机关七支部书记，薛喆磊任机关八支部书记，杨明辉任四川分公司党支部书记，高小盾任彭州调运分公司党支部书记，范丁任重庆分公司党支部书记，杨文胜任湖南分公司党支部书记，刘显朋任贵州分公司党支部书记，秦文丽任云南分公司党支部书记，方跃任陕西分公司党支部书记。

2017 年 1 月，西南化工销售分公司党委决定：杜疆任机关五支部书记；刘国强任云南分公司党支部书记，不再担任机关五支部书记；秦文丽任安宁调运部党支部书记，不再担任云南分公司党支部书记。

2017 年 5 月，西南化工销售分公司党委决定：陆伟文任机关一支部书记，陈效军不再担任机关一支部书记；温云飞任机关六支部书记；刘显朋任四川分公司党支部书记；李恒大任贵州分公司党支部书记。

2017 年 8 月，西南化工销售分公司决定，调整机关党支部设置：机关四支部由规划计划处、调运处全体党员组成；机关五支部由业务一处、业务二处、业务三处全体党员组成；机关七支部由市场信息与价格处、结算处全体党员组成。

2017 年 11 月，西南化工销售分公司党委决定：陆伟文任机关党委书记，免去廖良成的机关党委书记职务。

2018 年 2 月，西南化工销售分公司决定，调整机关党支部设置：机关四支部由审计监察处（纪委办公室）、企管法规处（质量安全环保处）全体党员组成；机关五支部由规划计划处、业务一处、业务二处全体党员组成；机关六支部由市场信息与价格处、结算处全体党员组成；机关七支部由调运处、仓储处全体党员组成；机关八支部由业务三处、技术服务处全体党员组成。温云飞任机关一支部书记，薛喆磊任机关四支部书记，袁军任机关六支部书记，杨文胜任机关七支部书记，李奕任机关八支部书记，满万江任湖南分公司党支部书记，以上同志原支部内所任职务同时免除。陆伟文不再担任机关一支部书记，郭锋不再担任机关四支部书记。

2018 年 10 月，西南化工销售分公司党委决定：高小盾任云南分公司党支部书记，免去彭州调运部党支部书记职务；袁军任彭州调运部党支部书记，免去机关六支部书记职务；王树伟任机关六支部书记；李恒大任重庆分公司党支部书记，免去贵州分公司党支部书记职务；孟瑶任贵州分公司党支部书记。

截至2018年12月31日，西南化工销售分公司党委下设直属机关党委1个，机关党支部8个：机关一支部、机关二支部、机关三支部、机关四支部、机关五支部、机关六支部、机关七支部、机关八支部。分公司党支部8个：四川分公司党支部、重庆分公司党支部、云南分公司党支部、陕西分公司党支部、贵州分公司党支部、湖南分公司党支部、彭州调运部党支部、安宁调运部党支部。共有党员160人。

一、直属机关党委领导名录（2014.1—2018.12）

书　　记　廖良成（2014.1—2017.11）
　　　　　陆伟文（2017.11—2018.12）

二、机关党组织（2014.1—2018.12）

（一）机关一支部领导名录（2014.1—2018.12）

书　　记　陈效军（2014.1—2017.5）
　　　　　陆伟文（2017.5—2018.2）
　　　　　温云飞（2018.2—12）

（二）机关二支部领导名录（2014.1—2018.12）

书　　记　邱永君（2014.1—2016.10）
　　　　　廖良成（2016.10—2018.12）

（三）机关三支部领导名录（2014.1—2018.12）

书　　记　陆伟文（2014.1—2016.10）
　　　　　李　凡（2016.10—2018.12）

（四）机关四支部领导名录（2014.1—2018.12）

书　　记　任仕菊（2014.1—2015.11）
　　　　　郭　锋（2016.10—2018.2）
　　　　　薛喆磊（2018.2—12）

（五）机关五支部领导名录（2014.1—2018.12）

书　　记　杨文胜（2014.1—5）
　　　　　郭　锋（2014.5—2016.10）
　　　　　刘国强（2016.10—2017.1）

杜　疆（2017.1—2018.12）

（六）机关六支部领导名录（2014.1—2018.12）

书　　记　马晓玲（2014.1—2015.11）

邱永君（2016.10—2017.5）

温云飞（2017.5—2018.2）

袁　军（2018.2—10）

王树伟（2018.10—12）

（七）机关七支部领导名录（2014.1—2018.12）

书　　记　李恒大（2014.1—2016.10）

李　奕（2016.10—2018.2）

杨文胜（2018.2—12）

（八）机关八支部领导名录（2014.1—2018.12）

书　　记　薛喆磊（2014.1—2018.2）

李　奕（2018.2—12）

三、分公司党组织（2014.1—2018.12）

（一）四川分公司党支部领导名录（2014.1—2018.12）

书　　记　杨明辉（2014.1—2017.5）

刘显朋（2017.5—2018.12）

（二）彭州调运部党支部领导名录（2014.1—2018.12）

书　　记　高小盾（2014.1—2018.10）

袁　军（2018.10—12）

（三）重庆分公司党支部领导名录（2014.1—2018.12）

书　　记　袁　军（2014.1—5）

范　丁（2014.5—2018.10）

李恒大（2018.10—12）

（四）湖南分公司党支部领导名录（2014.1—2018.12）

书　　记　范　丁（2014.1—5）

杨文胜（2014.5—2018.2）

满万江（2018.2—12）

（五）陕西分公司党支部领导名录（2014.1—2018.12）

书　　记　郭　锋（2014.1—5）

　　　　　董　刚（2014.5—2015.3）

　　　　　方　跃（2015.3—2018.12）

（六）云南分公司党支部领导名录（2014.1—2018.12）

书　　记　秦文丽（2014.1—2017.1）

　　　　　刘国强（2017.1—2018.10）

　　　　　高小盾（2018.10—12）

（七）贵州分公司党支部领导名录（2014.1—2018.12）

书　　记　刘显朋（2014.1—2017.5）

　　　　　李恒大（2017.5—2018.10）

　　　　　孟　瑶（2018.10—12）

（八）安宁调运部党支部领导名录（2017.1—2018.12）

书　　记　秦文丽（2017.1—2018.12）

第二节　工会组织（2014.1—2018.12）

2013 年 2 月，西南化工销售分公司工会委员会换届选举，廖良成当选工会副主席，张雯、第海涛、李雪源当选工会委员。同月，对公司基层工会组织进行调整，撤销原各分公司工会分会，分别成立重庆分公司工会委员会、云南分公司工会委员会、湖南分公司工会委员会、陕西分公司工会委员会和贵州分公司工会委员会。撤销原机关一分会和机关二分会，分别成立机关 5 个基层工会委员会。

截至 2014 年 1 月 1 日，西南化工销售分公司共有工会会员 267 名。

2015 年 1 月，股份公司决定：免去陈长青的西南化工销售分公司工会主席职务，退休。

2016 年 3 月，西南化工销售分公司各基层工会委员会完成换届选举。董均任机关第一工会委员会主席；曹耀武任机关第二工会委员会主席；刘国强任机关第四工会委员会主席；薛喆磊任机关第五工会委员会主席。

2017年8月，西南化工销售分公司对基层工会组织进行调整，成立机关第六工会委员会和安宁调运部工会委员会。其中，将机关第三工会委员会中市场信息与价格处会员调出，与结算处会员组成机关第六工会委员会；将云南分公司工会委员会中安宁调运部会员调出，设立安宁调运部工会委员会。

2017年9月，西南化工销售分公司部分基层工会委员会对工会主席及委员进行补选。梁东任机关第一工会主席，免去董均的机关第一工会主席职务；孟瑶任机关第四工会主席，免去刘国强的机关第四工会主席职务；王树伟任机关第六工会主席；董均任重庆分公司工会主席，免去李青峰的重庆分公司工会主席职务；杨文玲任陕西分公司工会主席，免去黄红的陕西分公司工会主席职务；秦文丽任安宁调运部工会主席。

截至2018年12月31日，西南化工销售分公司工会委员会下设机关第一工会、机关第二工会、机关第三工会、机关第四工会、机关第五工会、机关第六工会；设四川分公司工会委员会、重庆分公司工会委员会、云南分公司工会委员会、湖南分公司工会委员会、陕西分公司工会委员会、贵州分公司工会委员会、陕西分公司工会委员会、彭州调运部工会委员会、安宁调运部工会委员会，工会会员共计242人。

一、西南化工销售分公司工会委员会领导名录（2014.1—2018.12）

主　　席　陈长青（2014.1—2015.1）
副 主 席　廖良成（机关处级干部 2014.1—2018.12）
委　　员　张　雯（机关处级干部 2014.1—2018.12）
　　　　　　第海涛（机关处级干部 2014.1—2018.12）
　　　　　　李雪源（机关处级干部 2014.1—2018.12）

二、机关工会委员会领导名录（2014.1—2018.12）

第一工会主席　赵景洪（2014.1—2016.3）
　　　　　　　　董　均（2016.3—2017.9）
　　　　　　　　梁　东（2017.9—2018.12）
第二工会主席　李雪源（2014.1—2016.3）
　　　　　　　　曹耀武（2016.3—2018.12）

第三工会主席　张　雯（2014.1—2018.12）
第四工会主席　刘显朋（2014.1—2016.3）
　　　　　　　　刘国强（2016.3—2017.9）
　　　　　　　　孟　瑶（2017.9—2018.12）
第五工会主席　董彦飞（2014.1—2016.3）
　　　　　　　　薛喆磊（2016.3—2018.12）
第六工会主席　王树伟（2017.9—2018.12）

三、分公司工会委员会领导名录（2014.1—2018.12）

四川分公司工会主席　姜卫华（2014.1—2018.12）
重庆分公司工会主席　李青峰（2014.1—2017.9）
　　　　　　　　　　董　均（2017.9—2018.12）
湖南分公司工会主席　宋玉芝（2014.1—2018.12）
陕西分公司工会主席　黄　红（2014.1—2017.9）
　　　　　　　　　　杨文玲（2017.9—2018.12）
云南分公司工会主席　李文利（2014.1—2018.12）
贵州分公司工会主席　吴　晶（2014.1—2018.12）
彭州调运部工会主席　第海涛（2014.1—2018.12）
安宁调运部工会主席　秦文丽（2017.9—2018.12）

第三节　共青团组织（2014.1—2018.12）

截至2014年1月1日，西南化工销售分公司共有35岁以下团员青年102人，占公司员工总数的40%。其中党员50人，占青年员工的49%；团员32人，占青年员工的31%。西南化工销售分公司团委下设3个团支部。其中，第一团支部由财务处、总经理办公室、人事处、审计监察处、党群工作处的团员青年组成；第二团支部由仓储运输处、市场信息与价格处、规划计划处、技术服务处和企管法规处的团员青年组成；第三团支部由业务一处、业务二处、业务三处、业务四处及分公司的团员青年组成。

2014年4月，西南化工销售分公司批复同意第二届团委选举结果及分工。宋小默为团委书记，付阳为组织委员，孟瑶为学习委员，韩慧晶为文体宣传委员，徐海荣为生活委员。高可成任第一团支部书记；李沛哲任第二团支部书记；吴海燕任第三团支部书记。对基层团组织进行调整，第一团支部由机关及四川分公司全体团员青年组成；第二团支部由彭州调运分公司全体团员青年组成；第三团支部由重庆分公司、湖南分公司、陕西分公司、云南分公司、贵州分公司全体团员青年组成。

2016 年 4 月，西南化工销售分公司党委批复同意第三届团委选举结果。宋小默、付阳、曹蔚、吕达、弓雨熙、秦咏为第三届团委委员。弓雨熙任机关团支部书记；欧阳云曦任四川团支部书记；张杨任彭州团支部书记；李然任重庆团支部书记；吴海燕任湖南团支部书记；杨巨帆任陕西团支部书记；何飞任云南团支部书记；周美成任贵州团支部书记。撤销第一团支部和第三团支部，成立机关团支部、四川团支部、重庆团支部、云南团支部、陕西团支部、贵州团支部、湖南团支部。第二团支部更名为彭州团支部。

2017 年 5 月，西南化工销售分公司党委批复同意：宋小默任公司第三届团委书记，付阳任公司第三届团委副书记。

2017 年 11 月，西南化工销售分公司党委决定：增补何雨洁为公司第三届团委委员。

截至 2018 年 12 月 31 日，西南化工销售分公司共有 35 岁以下青年员工 103 人，占公司员工总数的 42.6%。其中党员 27 人，占青年员工的 23%；团员 39 人，占青年员工的 37%。

一、西南化工销售分公司团委领导名录（2014.1—2018.12）

书　　记　宋小默（2014.1—2018.12）

副 书 记　付　阳（2017.5—2018.12）

委　　员　付　阳（2014.4—2018.12）

孟　瑶（2014.4—2016.4）

韩慧晶（女，2014.4—2016.4）

徐海荣（女，2014.4—2016.4）

曹　蔚（2016.4—2018.12）

吕　达（2016.4—2018.12）

弓雨熙（女，2016.4—2018.12）

秦　咏（女，2016.4—2018.12）
何雨洁（女，2017.11—2018.12）

二、西南化工销售分公司团支部名录（2014.4—2018.12）

（一）第一团支部（2014.4—2016.4）

书　　记　高可成（2014.4—2016.4）

（二）第二团支部（2014.4—2016.4）

书　　记　李沛哲（2014.4—2016.4）

（三）第三团支部（2014.4—2016.4）

书　　记　吴海燕（女，2014.4—2016.4）

（四）机关团支部（2016.4—2018.12）

书　　记　弓雨熙（2016.4—2018.12）

（五）四川团支部（2016.4—2018.12）

书　　记　欧阳云曦（女，2016.4—2018.12）

（六）重庆团支部（2016.4—2018.12）

书　　记　李　然（女，2016.4—2018.12）

（七）云南团支部（2016.4—2018.12）

书　　记　何　飞（2016.4—2018.12）

（八）陕西团支部（2016.4—2018.12）

书　　记　杨巨帆（2016.4—2018.12）

（九）贵州团支部（2016.4—2018.12）

书　　记　周美成（女，2016.4—2018.12）

（十）湖南团支部（2016.4—2018.12）

书　　记　吴海燕（女，2016.4—2018.12）

（十一）彭州团支部（2016.4—2018.12）

书　　记　张　杨（2016.4—2018.12）

第五章　附　　录

第一节　组织机构名录及沿革图

一、2014 年 1 月组织机构名录

序号	单　　位	备　　注
一、机关部门		
1	总经理办公室（党委办公室）	四川省成都市金牛区
2	规划计划处	
3	人事处（党委组织部）	
4	财务处	
5	党群工作处（企业文化处）	
6	企管法规处（质量安全环保处）	
7	审计监察处（纪委办公室）	
8	市场信息与价格处	
9	仓储运输处	
10	技术服务处	
11	业务一处	
12	业务二处	
13	业务三处	
14	业务四处	
二、所属二级单位		
15	四川分公司	四川省成都市金牛区
16	重庆分公司	重庆市九龙坡区
17	陕西分公司	陕西省西安市高新区
18	湖南分公司	湖南省长沙市芙蓉区
19	云南分公司	云南省昆明市五华区
20	贵州分公司	贵州省贵阳市南明区
21	彭州调运分公司	四川省彭州市

二、2014—2018 年组织机构沿革图

（一）机关部门沿革图

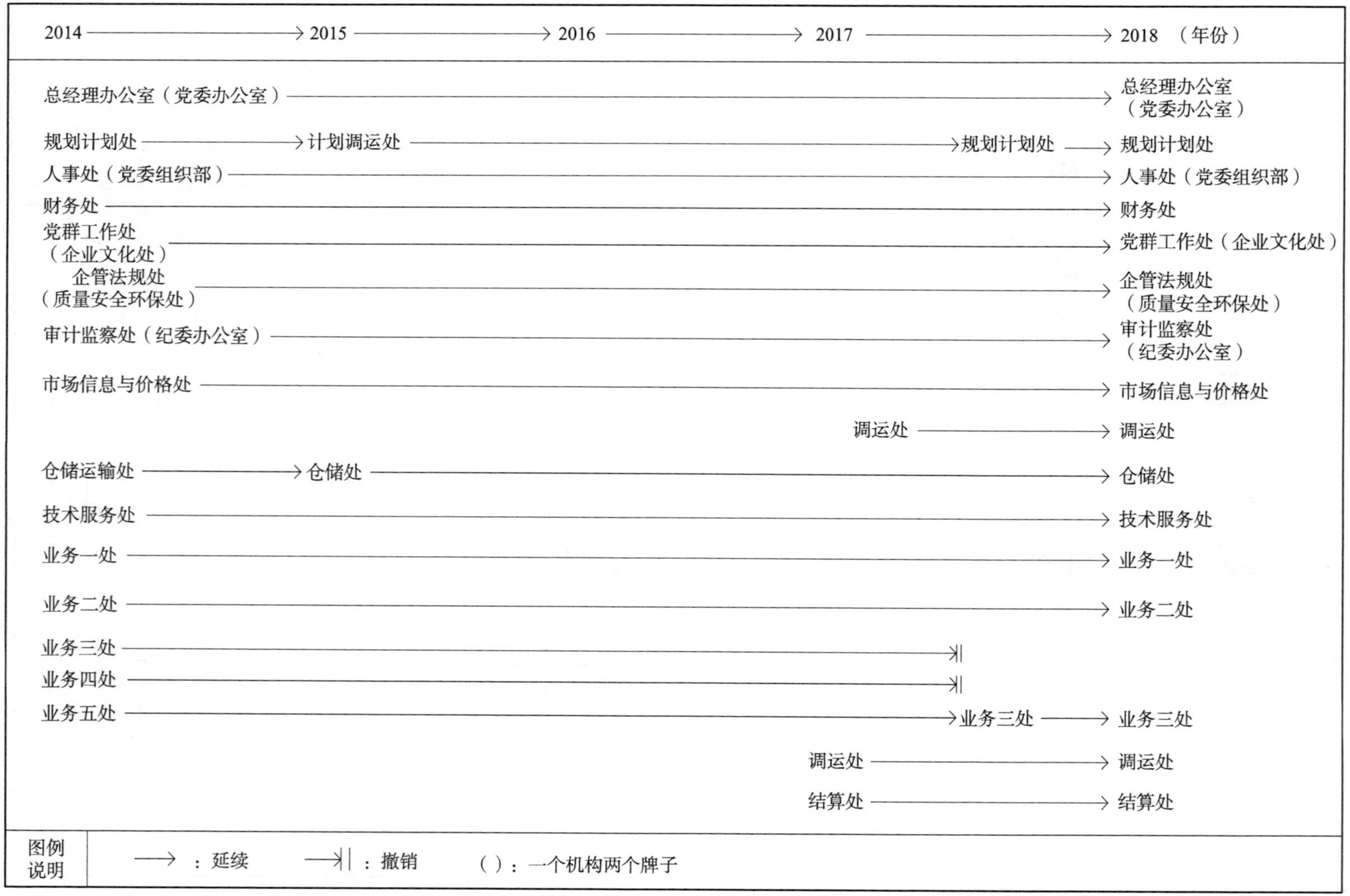

（二）所属二级单位沿革图

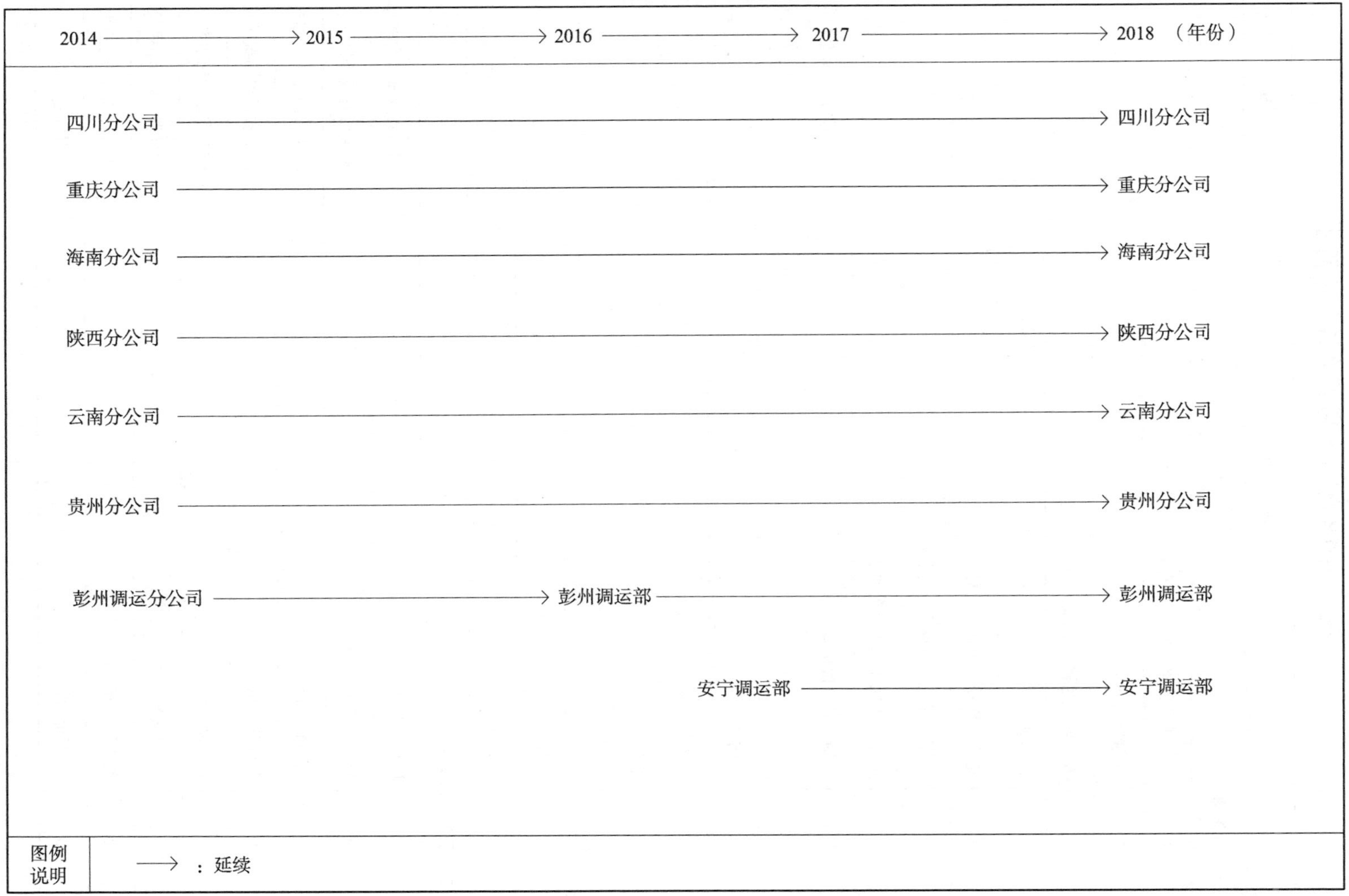
2014
2015
2016
2017
2018 （年份）
四川分公司
四川分公司
重庆分公司
重庆分公司
海南分公司
海南分公司
陕西分公司
陕西分公司
云南分公司
云南分公司
贵州分公司
贵州分公司
彭州调运分公司
彭州调运部
彭州调运部
安宁调运部
安宁调运部
图例说明
：延续

三、2018年12月组织机构名录

序号	单　　位	备　　注
一、机关部门		
1	总经理办公室（党委办公室）	四川省成都市金牛区
2	规划计划处	
3	人事处（党委组织部）	
4	财务处	
5	党群工作处（企业文化处）	
6	企管法规处（质量安全环保处）	
7	审计监察处（纪委办公室）	
8	市场信息与价格处	
9	调运处	
10	仓储处	
11	技术服务处	
12	业务一处	
13	业务二处	
14	业务三处	
15	结算处	
二、所属二级单位		
16	四川分公司	四川省成都市金牛区
17	重庆分公司	重庆市九龙坡区
18	陕西分公司	陕西省西安市高新区
19	湖南分公司	湖南省长沙市芙蓉区
20	云南分公司	云南省昆明市五华区
21	贵州分公司	贵州省贵阳市南明区
22	彭州调运部	四川省成都市金牛区
23	安宁调运部	云南省安宁市

第二节　主要生产经营情况

项目＼年份	2014	2015	2016	2017	2018
一、主营业务收入					
销售收入（亿元）	150.7	141.7	161.1	207.1	222.4
利润总额（亿元）	-0.95	1.52	4.42	3.42	1.78
上缴税费（亿元）	0.53	1.76	1.83	1.96	1.08
资产总额（亿元）	27.70	10.90	20.24	17.95	18.77
二、主要产品销量					
合成树脂（万吨）	107.94	119	137.99	143.21	137.15
合成橡胶（万吨）	7.62	6.81	6.65	7.14	8.22
合成纤维及原料（万吨）	0.25	0.15	—	—	1.39
液体化工产品（万吨）	56.85	93.63	111.66	151.4	166.35

第三节　员工队伍结构情况

一、历年用工情况表

（单位：人）

类别＼年份	2014	2015	2016	2017	2018
全部用工	257	262	261	252	242
合同化员工	177	177	179	173	167

二、历年员工年龄结构分布表

（单位：人）

年龄＼年份	2014	2015	2016	2017	2018
30岁以下	93	94	88	72	58
31～40岁	47	45	46	58	61
41～50岁	104	108	105	96	95
51岁以上	13	15	22	26	28

三、历年员工文化结构分布表

（单位：人）

学历＼年份	2014	2015	2016	2017	2018
大专	58	55	49	40	35
大学本科	169	176	183	183	178
博士、硕士研究生	21	22	21	23	23

四、历年聘任高级专业技术资格人员名单

姓名	性别	资格名称	专业名称	任职资格起始时间			批准文号
				年	月	日	
任仕菊	女	高级经济师	经济	2013	12	30	人事〔2014〕71号
脱继庆	男	高级经济师	经济	2013	12	30	人事〔2014〕71号
马晓玲	女	高级经济师	经济	2014	12	30	人事〔2015〕72号
宋承宇	男	高级经济师	经济	2014	12	30	人事〔2015〕72号
王树伟	男	高级经济师	经济	2015	12	30	人事〔2016〕48号
董彦飞	男	高级经济师	经济	2015	12	30	人事〔2016〕48号
姜卫华	男	高级经济师	经济	2015	12	30	人事〔2016〕48号
何　晨	女	高级经济师	经济	2015	12	30	人事〔2016〕48号
陈　坤	男	高级工程师	工程	2016	12	30	人事〔2017〕189号
李雪源	男	高级经济师	经济	2016	12	30	人事〔2017〕189号
齐芙蓉	女	高级经济师	经济	2016	12	30	人事〔2017〕189号
梁　东	男	高级政工师	政工	2016	12	30	人事〔2017〕189号
侯春丽	女	高级政工师	政工	2016	12	30	人事〔2017〕189号
周　超	男	高级工程师	工程	2017	12	30	人事〔2018〕147号
牟春梅	女	高级经济师	经济	2017	12	30	人事〔2018〕147号
杨喜棠	女	高级经济师	经济	2017	12	30	人事〔2018〕147号
贾　崇	男	高级经济师	经济	2017	12	30	人事〔2018〕147号
白　伟	女	高级经济师	经济	2017	12	30	人事〔2018〕147号
宋玉芝	女	高级会计师	会计	2017	12	30	人事〔2018〕147号
刘圣江	男	高级政工师	政工	2017	12	30	人事〔2018〕147号

续表

姓 名	性别	资格名称	专业名称	任职资格起始时间			批准文号
				年	月	日	
马　健	男	高级经济师	经济	2018	12	30	人事〔2019〕75号
蒋浩波	男	高级经济师	经济	2018	12	30	人事〔2019〕75号
郭　峰	男	高级经济师	经济	2018	12	30	人事〔2019〕75号
刘　昶	女	高级经济师	经济	2018	12	30	人事〔2019〕75号
刘国强	男	高级经济师	经济	2018	12	30	人事〔2019〕75号
方　跃	男	高级经济师	经济	2018	12	30	人事〔2019〕75号

第四节　历年党团员人数和党组织情况

年份 项目	2014	2015	2016	2017	2018
党委（个）	2	2	2	2	2
党支部（个）	15	15	15	16	16
党员（个）	161	161	164	161	162
其中：女（人）	60	58	62	56	57
其中：少数民族（人）	5	6	3	3	3
其中：在职员工（人）	160	159	162	157	158
发展党员（人）	4	3	3	1	4

第五节　先进集体、先进个人

一、国家部委、地方政府、集团公司、股份公司荣誉

（一）集体荣誉

年份	获奖名称	获奖单位
2014	集团公司先进集体	彭州调运分公司
	四川省国资委先进基层党组织	机关二支部
	集团公司综合统计报表优胜单位	西南化工销售分公司
2015	集团公司 2015 年度财务报告先进单位三等奖	西南化工销售分公司
	集团公司五四红旗团支部	第三团支部
	集团公司 2015 年度质量信得过班组	技术服务处
	四川省国资委党委先进党支部	机关五支部
2016	集团公司组织史资料企业卷优秀著作奖三等奖	西南化工销售分公司
2017	集团公司办公室系统先进集体	西南化工销售分公司总经理办公室（党委办公室）
2018	集团公司 2018 年度绿色基层队（站）、车间（装置）	彭州调运部
	集团公司 2018 年度质量安全环保节能先进企业	西南化工销售分公司
	集团公司宣传思想文化工作先进集体	钦州调运分公司党支部
	集团公司先进基层党组织	重庆分公司党支部

（二）个人荣誉

年份	荣誉名称	获奖者
2014	集团公司优秀共产党员	王炬宏
	集团公司“十二五”培训先进工作者	陆伟文
	集团公司安全生产先进个人	高小盾
	集团公司年鉴工作先进个人	梁　东
	集团公司规划计划工作先进个人	董彦飞
	集团公司“优秀青年”称号	姜宏宇
	集团公司办公室系统先进个人	赵景洪
	集团公司劳动模范	范　丁

续表

年份	荣誉名称	获奖者
2015	集团公司 2013—2015 年财务工作先进个人	李 凡 刘丽华
	四川省国资委党委优秀共产党员	杨明辉
	集团公司科技和信息化工作先进个人	熊安剑
	集团公司规划计划工作先进个人	董彦飞
	集团公司 2015 年度安全生产先进个人	温云飞
	集团公司年鉴工作先进个人	梁 东
	集团公司先进科技工作者	王俊琪 陈 坤 蒋浩波
	集团公司“十二五”财税价格工作先进个人	杨商艺
	集团公司“十二五”员工培训先进工作者	陆伟文
	集团公司“十三五”规划工作先进个人	刘 艳
	集团公司质量计量标准化管理先进个人	王玉霞
	集团公司物资采购与招标管理先进个人	齐芙蓉
	集团公司“六五”普法先进个人	齐芙蓉
	集团公司优秀团干部	付 阳
	集团公司优秀团员	宋小莹
	集团公司优秀共产党员	陈效军
2016	集团公司 2016 年度安全生产先进个人	房巨成
	集团公司 2016 年度环境保护先进个人	范 丁
	集团公司组织史资料编纂工作先进个人	朱新华
	集团公司企业年金工作先进个人	陈 琰
2017	集团公司 2015—2017 年度审计工作先进工作者	李雪源
	股份公司炼油与化工分公司年度冬季培训先进工作者	付 阳
	集团公司统计工作先进个人	董彦飞 李婷婷
	集团公司 2017 年度安全生产先进个人	曹耀武
	集团公司 2017 年度质量管理先进个人	王凤江
	集团公司 2017 年度环境保护先进个人	徐 震
	集团公司办公室系统先进个人	梁 东

续表

年份	荣誉名称	获奖者
2018	2017—2018 年度集团公司节能节水统计先进工作者	曹耀武
	人力资源管理系统优秀关键用户	朱新华
	集团公司 2018 年度环境保护先进个人	王天喜
	集团公司 2018 年度质量管理先进个人	周　超
	集团公司 2018 年度安全生产先进个人	王晓晖
	集团公司宣传思想文化工作先进个人	何　佳
	集团公司优秀共产党员	脱继庆
	集团公司资金管理先进个人	张　雯
	集团公司司库推广先进个人	杭德强
	集团公司党建信息化平台 1.0 项目推广应用先进个人	宋小默　董　辉

二、公司级荣誉

年份	荣誉名称	获奖单位或获奖者
2014	先进集体	总经理办公室（党委办公室）　计划调运处　业务四处　业务五处　彭州调运分公司　四川分公司
	先进个人	阎丽霞　吕　强　朱新华　吴　杨　李　铜　齐芙蓉　何　佳　李雪源　唐　利　白　伟　宋小默　甘自力　孟　瑶　贾连平　满万江　刘　诚　牟春梅　王凤江　王新选　李迎春　吴海燕（云南）　张绍柱　王　宁　吕　达　唐建逢　肖德志　张元龙　经　曼　韩慧晶　王炬宏　李沛哲　仝玮霞
	先进党支部	机关一支部　机关二支部　彭州支部　重庆支部
	优秀党务工作者	满万江　刘显朋　董　辉
	优秀共产党员	刘圣江　何　佳　付　阳　杭德强　王树伟　曹耀武　孟　瑶　王凤江　王亚非　龚德词　李侍珉　李迎春　姜宏宇　戴　强　朱林涛　胥盼盼
	内控与风险管理先进集体	财务处　市场信息与价格处　企管法规处　重庆分公司　贵州分公司
	内控与风险管理先进个人	李雪源　陈　兵　陈　旭　邹　峰　陈　琰　刘　艳　张乐蒂　周美成
	安全先进集体	彭州调运分公司　重庆分公司　企管法规处　总经理（党委）办公室
	安全先进个人	范　丁　温云飞　李　奕　张建新　王新选　熊安剑　高可成　杭德强　杨喜棠　赵　霞　李　彬　房巨成
	宣传工作先进集体	企管法规处　贵州分公司

续表

年份	荣誉名称	获奖单位或获奖者
2014	优秀宣传员	梁　东　刘圣江　程　茹　敬树蓉　李　然　吴海燕（湖南）　刘若婷　胥盼盼
2015	先进集体	财务处　计划调运处　业务一处　业务五处　技术服务处　彭州调运分公司　重庆分公司
	先进个人	侯春丽　万　杰　付　阳　程　茹　杨商艺　熊　超　何　佳　弓雨熙　曾玺睿　廖子莹　郭佳臻　甘自力　杜　疆　孟　瑶　闫春雷　党　宏　房巨成　金丽晓　曹　红　马啸野　蔡　禹　王　兴　王天喜　尚小燕　周美成　陈　坤　谢丽萍　刘若婷　于　茜　姜卫华　宋小莹　何雨洁　李星宇
	安全先进集体	总经理（党委）办公室　仓储处　企管法规处　重庆分公司　彭州调运分公司
	安全先进个人	王亚非　阎丽霞　李婷婷　白　伟　熊安剑　朱新华　徐英姿　徐　震　杭德强　满万江　党　宏　杨　泱　马啸野　周文刚　马晓源　王天喜　王晓晖　荣之曜　程　蓉　薛际强　唐友林　张德元　唐建逢
2016	内控与风险管理先进集体	财务处　企管法规处（质量安全环保处）　重庆分公司　贵州分公司
	内控与风险管理先进个人	李雪源　赵景洪　刘　艳　陈　琰　杨商艺　徐英姿　邹　峰　陈　旭　刘　萍　杜　波　甘自力　毕卫刚　贾连平　闫春雷　曹全武　杨　泱　秦　佩　朱林涛　付　琳　冯子煜　经　曼　周美成
	安全先进集体	重庆分公司　彭州调运部　企管法规处　总经理（党委）办公室
	安全先进个人	董　均　林　兵　李婷婷　熊安剑　朱新华　曹耀武　王亚非　杭德强　刘　萍　刘吉平　张泽诚　韩　科　孙玉平　马啸野　王天喜　王晓晖　马　军　荣之曜　吴海燕　薛际强
	先进党支部	机关一支部　机关三支部　重庆支部　彭州支部
	优秀共产党员	赵景洪　何　晨　李　凡　董彦飞　甘自力　李雪源　党　宏　牟春梅　龚德词　李　然　袁琛昊　姜宏宇　张元龙　王　宁　王晓晖　王天喜
	优秀党务工作者	董　辉　程　茹　朱　琳　廖良成　高小盾
2017	先进集体	财务处　人事处　市场信息与价格处　业务一处　业务三处　四川分公司　云南分公司　彭州调运部
	先进个人	洪　丹　韩慧晶　吴　杨　秦　咏　朱新华　刘圣江　齐芙蓉　何　佳　白　伟　周文刚　吕　达　甘自力　孟　瑶　刘　诚　孙玉平　金丽晓　朱庆昇　龚德词　谢明琼　蔡　禹　何　飞　郜一帆　张元龙　谢丽萍　沈婉璐　李星宇　石进昆
	安全先进集体	重庆分公司　彭州调运部　企管法规处　总经理（党委）办公室
	安全先进个人	李　岩　吕　强　王科研　熊安剑　朱新华　徐英姿　王玉霞　杜　波　戴梦林　毕伟刚　张泽诚　杨　泱　马啸野　王新选　张绍柱　王晓晖　石进昆　荣之曜　黄　新　薛际强

续表

年份	荣誉名称	获奖单位或获奖者
2018	先进党支部	机关二支部　机关三支部　机关五支部　云南支部
	优秀共产党员	弓雨熙　王　宁　王晓晖　吕　达　朱　琳　朱新华　李　奕　武　玮　姜宏宇　黄　涛　曹耀武　阎丽霞　董　辉　韩慧晶　程　鹏
	优秀党务工作者	朱林涛　李　然　宋小默　徐旌翔　满万江

第六节　机关部门及二级单位干部简明表

部门（单位）名称	正职	副职	一般管理人员
总经理办公室（党委办公室）	温云飞	赵景洪　梁　东	侯春丽　阎丽霞　董立欣　洪　丹　石进昆
规划计划处	董彦飞	王少华	李　冬　韩慧晶　李婷婷　胡芯豪　刘　艳
财务处	李　凡	张　雯　杨文玲　黄　红	杭德强　秦　咏　谢　涛　熊森钢　李　勇　徐祺祺　吴　杨　黄　涛　陈　惠　付　琳　郜一帆　周　霖　黄海涛
市场信息与价格处	王树伟	—	刘　昶　吕　达　张巍巍　熊安剑　郭佳臻
人事处（党委组织部）	脱继庆	宋小默	朱新华　何　晨　陈　琰
企管法规处（质量安全环保处）	薛喆磊	熊　超　王玉霞	曹耀武　邹　峰　齐芙蓉　徐　震　陈　兵
审计监察处（纪委办公室）	李雪源	—	刘圣江　弓雨熙　何雨洁
党群工作处（企业文化处）	廖良成	—	何　佳　徐英姿　董　辉
机关党委	陆伟文	—	—
业务一处	孙　琼	—	甘自力　刘吉平　袁琛昊
业务二处	杜　疆	王志宏	毕卫刚　闫春雷　王亚超
业务三处	李　奕	徐运涛	杜卫东　刘　诚　党　宏　刘佐堂　曹全武　张泽诚　颜　君　李　岩

续表

部门（单位）名称	正职	副职	一般管理人员
调运处	郭 锋	王亚非	程 鹏 白 伟 唐 果 牟春梅 陈 娇 保立煊 田 杨 王科研
仓储处	杨文胜	董 刚 董 均	房巨成 杜 波 夏巧女 马啸野
重庆仓储中心	杨文胜	董 均	熊 杰 邓琳玲 周文刚 赵涤凡
技术服务处	王俊琪	—	金丽晓 孙玉梅 王凤江 周 超 刘 萍
结算处	张 雯	—	王文怡 杨璐璐 孙玉平 唐 利 杨喜棠 韩 科 曾玺睿 罗若蘅 肖然予 陈红燕 敬树蓉 季明娟
四川分公司	刘显朋	姜卫华 徐信沣	宋承宇 贾连平 杨 泱 宋小莹 张 贺 焦玉娇 朱 琳 朱庆昇 欧阳云曦 李 研 龚德词 谢 昆 付 阳
重庆分公司	李恒大	马国平 杨商艺	蔡 禹 石 春 马晓源 李蒲宁 李迎春 王新选 干 寒 曹 红 曹 劲 谢明琼 李 宪 张乐蒂 郭睿馨 唐 月 李 然
云南分公司	高小盾	武 玮 李文利	朱林涛 宁显辉 隋锺锂 何 飞 董校志 张丽芳 张绍杜 崔海翔 吴海燕 侯安妮
贵州分公司	—	孟 瑶 卢万宁 吴 晶	王 宁 黎 喆 荣之曜 陈楷文 王秉宇 尚小燕 周美成 廖子莹 傅 玉
湖南分公司	满万江	宋玉芝	陈 坤 肖德志 黄 新 姚 辉 吴海燕 谢丽萍 袁 媛 程飞腾 冯子煜 姜宏宇 王 丹
彭州调运部	袁 军	第海涛	张建新 李侍珉 李星宇 马 翔 徐旌翔 宓 红 贾 崇 巨 婷 仝玮霞 沈婉璐 秦 佩 马 军 夏 伟 王晓晖
安宁调运部	秦文丽	王天喜	杨 阳 秦 烨 姜 波 符 攀 郑 焱 李树东 隋 怡

第六章　组织人事大事纪要

二〇一四年

1 月 2 日　西南化工销售分公司 2014 年工作会议暨二届二次职工代表大会在务实、创新、简洁、高效中顺利召开。【公司大事记】

2 月 14 日　西南化工销售分公司召开党的群众路线教育实践活动总结大会。集团公司党的群众路线教育实践活动第八督导组组长出席会议并讲话，党委书记对公司教育实践活动进行总结，总经理主持会议。【公司大事记】

2 月 23 日　四川石化生产的首批液体化工产品，由西南化工销售分公司组织顺利通过公路实现发运，这也是该公司首次实现液体化工产品的销售和运输。【公司大事记】

3 月 4 日　四川石化 80 万吨 / 年乙烯装置首批聚丙烯产品出厂，指标合格，当日即销售 230 吨，这是四川石化聚丙烯产品正式进入西南市场。【公司大事记】

3 月 13 日　由四川石化生产的首批液体产品（共计 12 个汽车正丁醇）陆续安全抵达重庆江顺储运有限公司。【公司大事记】

3 月 20 日　由西南化工销售分公司和独山子石化、宝鸡钢管公司合作开发的“埋地钢质管道聚乙烯防腐专用料开发”课题，顺利通过了集团公司科技部组织的专家验收。【公司大事记】

3 月 24 日　在西南化工销售分公司的组织下，33 辆自备车装载着 1740 吨四川石化液体化工产品成功实现了铁路首发。本次发运的完成标志着西南化工销售公司已全面启动四川石化化工产品固体、液体的公路、铁路发运工作。【公司大事记】

3 月 28 日　西南化工销售分公司决定：郭锋任规划计划处处长，免去陕西分公司经理职务；杨瑛任市场信息与价格处处长，免去规划计划处处长职务；孙琼任业务一处处长（副处级），免去业务一处副处长职务；袁军任业务四处处长，免去重庆分公司经理职务；李奕任业务五处处长，免去业务四处处长职务；范丁任重庆分公司经理，免去湖南分公司经理职务；杨文胜任湖南分公司经理，免去市场信息与价格处处长职务；李凡任财务处副处长（主持工作）；方跃任企管法规处（质量安全环保处）副处长（主持工作）；董刚任陕西分公司副经理（主持工作）；免去任仕菊兼任的财务处处长职务；免去马晓玲兼任的企管法规处（质量安全环保处）处长职务。【西南化销〔2014〕9 号】

4 月 15 日　西南化工销售分公司决定，组建业务五处，机构规格副处级，其中处长 1 人、副处长 1 人。【西南化销〔2014〕11 号】

4 月 17 日　西南化工销售分公司决定，调整新闻工作职能及相应组织机构，成立新闻工作领导小组，新闻工作领导小组下设新闻工作办公室，办公室设在党群工作处，负责日常新闻管理工作。【西南化销〔2014〕12 号】

4 月 23 日　炼油与化工分公司决定，西南化工销售分公司负责云南石化统销化工产品的代理买断、销售和运输工作。【中国石油炼油与化工分公司会议纪要第十期】

5 月 9 日　西南化工销售分公司党委决定，调整纪律检查委员会委员。其中陈长青任纪委书记、任仕菊、马晓玲、邱永君、陈效军、陆伟文、廖良成任委员。【西南化销纪检〔2014〕4 号】

5 月 23 日　股份公司批复，仓储配送处增加人员编制 5 人，其中部门领导职数 1 人。【油人事〔2014〕166 号】

6 月 30 日　西南化工销售分公司党委隆重召开庆祝建党 93 周年暨党建思想政治工作会议。会议对一年来涌现出的先进集体和个人进行了表彰，会议号召各级党组织、全体共产党员和干部员工，统一思想、凝聚力量，为推

动公司有质量有效益可持续发展做出新贡献。【公司大事记】

7月18日　西南化工销售分公司召开上半年经营活动分析会。会议全面总结分析公司上半年经营销售管理工作，梳理问题、查找瓶颈、找准方法，明晰明标。【公司大事记】

7月19日　西南化工销售分公司召开年中工作会议，会议强调，要紧密围绕年初工作方针、目标和任务，坚持“提质提效提素、做强做精做优”工作主线，凝心聚力，扎实工作，乘势而上，努力开创国内领先的化工专业营销公司新局面。【公司大事记】

7月25日至26日　西南化工销售分公司2014年上半年用户座谈会在重庆召开。【公司大事记】

9月16日　股份公司批复，同意西南化工销售分公司总经理助理、副总师等职数3人；湖南分公司和贵州分公司机构规格调整为副处级。【油人事〔2014〕327号】

10月31日　集团公司办公厅（总裁办）副主任、副总经济师带领档案处及片区评价组一行到西南化工销售分公司进行2014年度档案复评工作。在复评中，集团公司领导和评价组对公司档案工作的进步给予高度评价。【公司大事记】

11月7日　西南化工销售分公司党委决定：免去第海涛同志兼任的党委办公室副主任职务。西南化工销售分公司决定：黄红任陕西分公司副经理（正科级）；王兴任云南分公司副经理（正科级）；徐运涛任湖南分公司副经理（正科级）；卢万宁任贵州分公司副经理（正科级）；免去第海涛兼任的总经理办公室副主任职务。【西南化销党〔2014〕12号】【西南化销〔2014〕24号】

11月12日　西南化工销售分公司党委决定：董均同志任公司党委办公室副主任（副科级）。【西南化销党〔2014〕14号】

11月12日　西南化工销售分公司决定：王少华任规划计划处副处长；

董均任总经理办公室副主任（副科级）。【西南化销〔2014〕26号】

11月19日　西南化工销售分公司决定，将调运业务从仓储运输处调整至规划计划处，并将规划计划处更名为计划调运处，仓储运输处更名为仓储处。【西南化销〔2014〕27号】

11月25日　西南化工销售分公司召开动员大会，部署庸懒散浮拖的专项整治工作。这次会议，是贯彻落实四川省委和省国资委党委相关会议精神，向所属各单位发出的动员令。会议决定从现在开始到12月底集中对工作中出现的庸懒散浮拖问题进行严查立改。【公司大事记】

12月8日至9日　西南化工销售分公司2015年度橡胶产品订货暨用户座谈会在陕西分公司召开。公司副总经理兼安全总监出席会议并讲话，公司业务三处，四川石化人员及各用户相关人员参会。【公司大事记】

12月11日至12日　西南化工销售分公司2015年塑料产品订货暨用户座谈会在成都召开。四川、兰州、独山子石化，成铁石化，山东卓创资讯集团的领导和专家，西南区域60多家直销、分销客户代表参会。【公司大事记】

12月17日　西南化工销售分公司2015年液体产品订货暨客户座谈会在重庆召开。38家液体客户及仓储运输单位代表参会，四川石化、重庆市经信委、山东隆众信息技术有限公司人员代表受邀列席。会议由公司副总经理主持。【公司大事记】

12月18日　西南化工销售分公司2015年仓储运输工作座谈会在重庆召开。公司总经理、副总经理、仓储处、计划调运处、各分公司相关领导以及19家仓储配送协作单位和16家运输单位代表参加了会议。【公司大事记】

12月27日　一辆装载着30多吨低压5502化工产品的车辆驶进重庆仓储中心3号库房，标志着该仓储中心开始试运行。【公司大事记】

本年　员工总数257人。

二〇一五年

1月4日　西南化工销售分公司在多功能厅召开全员新年第一会，全面

部署2015年安全暨党风廉政建设工作。【公司大事记】

1月12日　集团公司党组决定：免去陈长青同志的西南化工销售分公司党委书记、委员职务，退休。股份公司决定：免去陈长青同志的西南化工销售分公司纪委书记、工会主席、副总经理职务。【中油党组〔2015〕6号】【油人事〔2015〕19号】

1月30日至31日　西南化工销售分公司召开2015年工作会议暨二届三次职工代表大会，会议将传达贯彻集团公司工作会议精神、公司工作会议、公司职工代表大会、领导班子述职述廉等四会合并一起进行。刚刚退休的原党委书记应邀出席，公司93名职工代表、非职工代表的中层干部及在川的员工列席了会议，区外分公司其他员工通过视频参加了会议。【公司大事记】

2月4日　根据西南化工销售分公司经营管理工作需要，党政联席会议决定，马国平任陕西分公司副经理。【西南化销〔2015〕10号】

3月23日　西南化工销售分公司决定：李文利任云南分公司副经理（正科级）；宋玉芝任湖南分公司副经理（正科级）；吴晶任贵州分公司副经理（正科级）。【西南化销〔2015〕17号】

4月16日至18日　第十一届西部国际塑胶工业展在重庆国际博览中心举办，来自全国各地近四百家管材、汽摩、家电以及高端装备制造厂商参加展会。西南化工销售分公司作为中西部地区重要的塑料原材料供应企业，应邀参展，此次布展由重庆分公司承办。【公司大事记】

4月29日　西南化工销售彭州调运分公司荣获2015年集团公司先进集体称号；中国石油西南化工销售重庆分公司经理范丁荣获2015年集团公司劳动模范称号。【公司大事记】

6月4日　为贯彻落实中央全面从严治党要求，推动党员干部自觉践行“三严三实”，推动作风建设全面从严、全面加强，西南化工销售分公司总经理、党委负责人以《自觉践行“三严三实”做忠诚、干净、担当的党员干部》为题，带头讲党课，公司中层及以上领导干部、全体党员和入党积极分子参加党课，这次党课标志着公司“三严三实”专题教育全面启动。【公司大事记】

6 月 10 日　在入驻金牛区黑格中心办公 5 周年这个值得纪念的日子里，西南化工销售分公司 2015 年上半年用户座谈会在成都如期召开。四川石化、永安期货的领导和专家团队，西南区域近百家重点客户，以及公司领导、相关部门和分公司负责人、业务人员参加了会议。【公司大事记】

6 月 30 日　西南化工销售分公司召开大会隆重庆祝建党 94 周年。【公司大事记】

7 月 19 日　集团公司党组第二巡视组进驻西南化工销售分公司开展专项巡视工作。【公司大事记】

8 月 12 日　股份公司批复，同意增加云南分公司编制定员 12 人，其中，中层领导（科级）职数 1 人；同意业务处室增加编制定员 2 人；调整后公司编制定员 283 人，其中中层领导职数 59 人（含副处级职数 25 人）。【油人事函〔2015〕89 号】

8 月 28 日　炼油与化工分公司副总经理携检查组一行对重庆仓储中心进行安全大检查。【公司大事记】

9 月 26 日　股份公司决定：徐晓炜同志任西南化工销售分公司纪委书记、党委委员。【油人事〔2015〕320 号】

10 月 16 日　集团公司党组第二巡视组向西南化工销售分公司反馈专项巡视情况。党组第二巡视组组长作了专项巡视情况反馈，公司总经理、党委副书记主持会议并作表态发言。【公司大事记】

10 月 17 日　西南化工销售分公司与成都铁路局签订战略合作协议。【公司大事记】

11 月 4 日　西南化工销售分公司机关、四川分公司、彭州调运分公司

部分员工30余人，赴成都血液中心开展义务献血活动，这是公司开展“弘扬光荣传统，重塑良好形象”的具体体现。【公司大事记】

11月9日 炼油与化工分公司决定，西藏区域划归西南化工销售分公司管理。【油炼化〔2015〕179号】

11月27日 西南化工销售分公司已实现销量200万吨，从三季度以来，连续4个月平均销量超20万吨，产品运输总量完成211万吨以上，提前完成“双两百”目标，创历史最好水平。【公司大事记】

12月2日 为充实公司经营管理力量，西南化工销售分公司决定：李凡任财务处处长；秦文丽任云南分公司经理；刘显朋任贵州分公司经理。【西南化销〔2015〕37号】

12月8日和10日 西南化工销售分公司在云南分公司先后召开液体、固体用户座谈暨2016年产品订货会，总结一年来销售、仓储、运输工作情况，表彰优秀用户、合作伙伴，通过与生产、科研、下游用户、仓储运输合作单位面对面的沟通交流，共同研判市场、共同分析形势、共商发展大计。【公司大事记】

12月10日 集团公司党组决定：杨继胜同志任西南化工销售分公司党委书记、工会主席；孙克栋同志任西南化工销售分公司党委委员、副书记。股份公司决定：孙克栋任西南化工销售分公司总经理（正局级）；杨继胜任西南化工销售分公司副总经理，免去其西南化工销售分公司总经理职务。【中油党组〔2015〕239号】【油人事〔2015〕366号】

12月24日 西南化工销售分公司召开干部大会。集团公司党组成员、副总经理兼安全总监出席会议并讲话。会上，集团公司人事部副总经理宣读了集团公司党组、股份公司关于西南化工销售分公司主要领导调整的任免文件：孙克栋同志任西南化工销售公司总经理、党委副书记；杨继胜同志任西南化工销售公司党委书记、工会主席、副总经理，不再担任总经理职务。【公司大事记】

本年 员工总数262人。

二〇一六年

1 月 4 日　西南化工销售分公司在多功能厅召开全员新年第一会，全面部署 2016 年安全暨党风廉政建设工作。公司总经理和党委书记同班子副职、总经理助理签订了《2016 年度 HSE 目标责任书》及《党风廉政建设责任书》。

2 月 1 日　西南化工销售分公司召开 2016 年工作会议暨三届一次职工代表大会。学习贯彻落实集团公司工作会议精神，回顾总结公司 2015 年工作，客观分析面临的形势，明确“十三五”发展目标任务，安排 2016 年重点工作。

2 月 26 日　西南化工销售分公司新一届工会委员会召开首次会议。

4 月 2 日　西南化工销售分公司一季度销售经营创历史同期最好水平。完成产品销量 65.7 万吨，同比增加 24.8 万吨、增幅达 61%；总库存较年初下降 1.94 万吨；实现利润同比增加 10554 万元，创历史同期最好水平，购销率、吨利润、直销率和价格到位率各项指标大幅提升，分公司全面实现盈利。

4 月 12 日　随着四川科伦药业股份公司获得国家药监局批复的药品包装用材料和容器注册证书，首批医用聚丙烯 RP260 产品实现国产化，标志着西南公司历时近 5 年开发的集团公司重大科技专项医用聚烯烃树脂专用料项目获得成功。此项目开发成功，打破了医用聚烯烃树脂长期被国外产品垄断的局面，对于保障国家医疗健康战略安全，提升中石油化工产品高端市场占有率具有重要意义。

4 月 21 日　股份公司总工程师、石油化工研究院院长一行来我公司调研交流。

4 月 28 日　西南化工销售分公司召开“两学一做”学习教育动员会议。公司 140 名党员参加会议，会上传达了《中国石油天然气集团公司开展“学党章党规、学系列讲话，做合格党员”学习教育实施方案》的通知。公司召开“五四”青年大会暨“重塑形象，青春建功”交流分享会。

5月4日　西南化工销售湖南分公司姜宏宇同志荣获2015年集团公司优秀青年称号。【中油团工〔2016〕5号】

5月15日　西南化工销售分公司2016年上半年大客户座谈会如期召开。会议总结通报了今年前四个月固体产品经营工作，宣贯新修订的客户分级管理办法和大客户激励政策，邀请浙江远大石化和金银岛网络科技公司的分析师作了市场分析预测，通过与区域战略用户共同研究后市、共商营销策略，为完成全年目标任务、实现“十三五”良好开局、推进合作共赢奠定了基础。

5月27日　西南化工销售分公司工会召开换届后首次工作会议。

6月16日　集团公司党组成员、副总经理兼安全总监来西南化工销售分公司调研。在听取了公司总经理所作的工作汇报后，集团公司副总经理兼安全总监对公司这几年来特别是今年以来的工作成绩给予充分肯定。

7月15日　西南化工销售分公司召开上半年经营活动分析暨年中工作会议。集团公司对近两年来在“为中国梦加油”和“重塑形象，青春建功”主题活动中，围绕生产创效、服务创优、管理创新等方面开展创建工作表现突出的优秀青年集体进行“青年文明号”命名，重庆分公司同其他194家单位榜上有名，这也是公司首次首家获此命名的单位。

7月20日　西南化工销售分公司召开液体大客户座谈会。

8月5日　西南化工销售分公司召开全员会议，传达贯彻集团公司2016年领导干部会议精神。公司总经理传达学习了集团公司党组副书记、总经理所作的生产经营工作报告，对“全力抓好市场开拓对化工销售的要求、全力优化生产运行炼化业务要怎么做、全力开展提质增效、全力推进改革创新、全力强化安全环保”等“五个全力”进行了重点解读；会议要求，公司各部门、各单位要按照集团公司对下半年重点工作“五个全力”的要求，结合自身实际，统一思想，将党建工作与销售经营业务相融合，找差距、抓重点、讲实效，发扬“石油精神”时代内涵。

8 月 26 日　炼油与化工分公司副总经理在云南石化组织召开云南石化化工产品与炼油小产品运输准备会后，上午专程到西南化工销售云南分公司调研，听取云南分公司工作汇报。

8 月 31 日　四川省国资委党委委员、纪委书记一行 3 人来西南化工销售分公司调研指导工作，并听取了公司纪委专题工作汇报。

9 月 7 日　西南化工销售分公司合成橡胶技术交流合作研讨会在贵阳召开。

9 月 27 日　根据《西南化工销售公司领导干部退出领导岗位管理暂行办法》，研究决定，免去杨瑛市场信息与价格处处长职务。【西南化销〔2016〕26 号】

10 月 20 日　集团公司副总经理、党组成员一行在四川调研并听取了部分驻川石油石化企业工作汇报。在听取西南化工销售分公司总经理代表公司所做的工作汇报后，徐总指出，西南化工销售分公司围绕做优做强，“十二五”实现了年均 17% 的销量增长，特别是在近年成品油和化工市场低迷的情况下，又实现了市场占有率、销量和效益的不断提升，在“三个优化”的基础上，狠抓成本、价格两个要素，实现了降本增效，成绩突出。

10 月 28 日　西南化工销售分公司党委对基层党支部换届选举结果进行批复，标志着公司各支部的换届选举工作圆满结束。

11 月 1 日　股份公司批复：同意成立安宁调运部，列二级机构序列。调整后，西南化工销售分公司设 8 个二级机构。公司编制定员不变，其中，中层领导职数 60 人（含副处级职数 26 人）。【中油人力资源系统批复】

11 月 14 日　集团公司巡视组在西南化工销售分公司召开了巡视“回头看”动员会，正式进驻公司开展巡视“回头看”工作。

11 月 18 日　西南化工销售分公司开展“两学一做”学习教育专题民主评议党员工作。

11 月 24 日　炼油与化工分公司党委书记到西南化工销售分公司进行调

研指导。

11 月 21 日至 25 日　集团公司党组副书记、总经理一行赴川渝地区石油石化企业调研。调研期间，章总听取了在川 7 家企业的工作汇报，对各企业积极应对低油价挑战，在同一区域全部实现盈利的良好成绩给予充分肯定。章总在讲话中，对西南化工销售分公司在主要经营指标再创新高、市场开拓成效明显、新产品专用料开发成效显著等方面工作提出表扬，特别是对我公司“冲刺四季度、决胜一六年”、全年力争实现盈利 4.3 亿元的工作干劲表示赞许。

12 月 9 日　股份公司批复，同意彭州调运分公司更名为彭州调运部。【中油人力资源系统批复】

12 月 15 日　西南化工销售分公司召开 2017 年产品订货暨用户座谈会。总经理从 2016 年公司喜人的经营发展成果、与客户日益紧密的合作关系、共谋促进西南地区化工产业发展大计等三个方面作了重要讲话。参加本次会议的有四川石化，东北、西北化工销售等单位的领导；国务院信息中心和上海信息平台的专家；西南区域 105 家客户，以及公司总经理助理，总部相关处室、各分公司负责人和业务人员。

11 月 2 日和 12 月 20 日　西南化工销售分公司连续 2 次组织中心组扩大会，集中对六中全会精神进行深入学习，并结合企业销售经营、支部换届等工作实际，将全会精神贯彻到具体工作中。

12 月 26 日　集团公司党组纪检组决定：给予杨继胜行政撤职处分。【石油监〔2016〕364 号】

12 月 26 日　集团公司党组决定：孙克栋同志任西南化工销售分公司党委书记。【中油党组〔2016〕333 号】

本年　员工总数 261 人。

二〇一七年

1 月 3 日　11 月 2 日、12 月 20 日公司召开安全工作会议，总结 2016 年安全环保工作，分析存在的问题，全部部署 2017 年工作。并对 2016 年度安全工作先进集体和个人进行颁奖。公司总经理同班子副职、总经理助理签订《2017年度QHSE目标责任书》。

1月6日　根据《西南化工销售公司领导干部退出领导岗位管理暂行办法》，经研究决定，免去张建新彭州调运部（原彭州调运分公司）副经理职务。【西南化销〔2017〕1号】

1月9日　西南化工销售分公司召开2016年经营活动分析会，从分析情况看，刚刚过去的2016年，公司销售经营开创历史最好水平：完成产品销量256.31万吨，超预算6.7%，同比2015年增加36.72万吨，增幅达16.7%；总库存较年初下降3.27万吨，降幅28%；实现利润4.42亿元，同比增加2.9亿元，吨利润同比增加104元/吨，购销率、直销率和价格到位率各项指标大幅提升。

1月22日　西南化工销售分公司召开2017年工作会议暨三届二次职工代表大会。会议主要任务是贯彻集团公司工作会议精神，总结2016年工作，部署2017年任务，组织发动全体干部员工着力提质增效，深化改革创新，持续培育和提升公司核心竞争力，推动公司稳健和谐发展。公司领导班子成员、总经理助理和职工代表共85人，列席代表14人参加会议。

1月24日　中共四川省纪委决定：给予杨继胜同志撤销党内职务的处分。【川纪综〔2017〕14号】

2月10日　西南化工销售分公司召开领导班子扩大会议，集团公司人事部副总经理、人事部企业领导人员管理二处副处长出席会议，宣布集团公司党组任职文件，决定总经理孙克栋同志兼任西南化工销售分公司党委书记。

3月1日　西南化工销售分公司党委决定：刘丽华同志任西南化工销售公司新闻发言人。【西南化销党〔2017〕5号】

3月6日　集团公司巡视组组长代表巡视组向西南化工销售分公司反馈巡视“回头看”情况。公司党委书记、总经理主持会议并作表态发言。

3月13日　西南化工销售分公司在二楼多功能厅召开全员大会，就开展“凝心聚力、塑造形象”主题活动进行总动员、总部署，公司党委书记、总经理作动员讲话，他强调，搞好这次活动，要突出“领导干部这个关键、推进发展这个主题、化解矛盾这个根本、文化引领这个灵魂”四个重点；要抓好“一个培训”“三个报告”“四个活动”等系列活动；把握好“学习讨论、查找问题、整改提升”三个重要环节。他说，开展主题活动最重要的是坚持以人为本，解决人的思想问题，做好矛盾化解工作，要从强化员工大局意识、责任意识、团队意识和包容意识“四种意识”入手，塑造阳光心态，使每个员工工作更加快乐、更有自信，公司更加富有凝聚力和战斗力。

3 月 16 日至 17 日　股份公司副总裁到西南化工销售分公司调研并看望大家，到彭州调运部现场检查指导，听取公司总经理专题汇报，与员工握手问候。

4 月 10 日　西南化工销售分公司党委决定：李雪源同志任纪委办公室主任；梁东同志任党委办公室副主任。【西南化销党〔2017〕10 号】

4 月 10 日　西南化工销售分公司决定：温云飞任企管法规处（质量安全环保处）处长；李雪源任审计监察处处长；梁东任总经理办公室副主任；熊超任企管法规处（质量安全环保处）副处长；孟瑶任业务三处副处长；杨文玲任陕西分公司副经理。【西南化销〔2017〕14 号】

5 月 19 日　西南化工销售分公司党委决定：脱继庆同志任党委组织部部长。【西南化销党〔2017〕15 号】

5 月 19 日　西南化工销售分公司决定：脱继庆任人事处处长。【西南化销〔2017〕16 号】

5 月 25 日至 26 日　中共西南化工销售分公司第一次代表大会在成都召开，88 名党员代表参加会议。会议选举产生中共西南化工销售分公司第一届委员会，由马健、孙克栋、刘丽华、徐晓炜、蒋浩波等 5 人组成（以姓氏笔画为序），孙克栋为党委书记。选举产生中共西南化工销售分公司第一届纪律检查委员会，由 5 人组成，徐晓炜为纪委书记。

5 月 26 日　上午 8 时 30 分，伴随着雄壮的《国歌》声，公司第一次党员代表大会在二楼多功能厅隆重召开。来自公司机关、基层共计 88 名党员代表出席了会议。本次会议共有四项议程：一是听取和审议中国共产党中国石油西南化工销售公司委员会工作报告；二是听取和审议中国共产党中国石油西南化工销售公司纪律检查委员会工作报告；三是选举中国共产党中国石油西南化工销售公司第一届委员会；四是选举中国共产党中国石油西南化工销售公司第一届纪律检查委员会。

6月9日至10日　西南化工销售分公司组织全单位55名党务工作者举办贯彻落实党的十八届六中全会精神和公司第一次党代会精神培训班。这也是该公司按照集团公司“弘扬石油精神重塑良好形象”活动周要求，同时结合企业自身正在开展的“凝心聚力，塑造形象”主题活动实际而进行的活动内容之一。

6月15日　集团公司副总经理到西南化工销售分公司调研。他先后到公司销售业务大厅现场了解有关工作情况，看望慰问在一线的干部员工，听取公司总经理所作的工作汇报。

6月26日　20时18分，西南化工销售分公司为云南石化保运首批新购46节化工液体自备罐车顺利进入麒麟站。

6月29日　西南化工销售分公司组织召开组织机构和管理职能调整改革大会，标志着公司全面深化改革各项工作正式启动。主要包括：一是撤销计划调运处，组建规划计划处和调运处，同时调整优化仓储处管理职能，即：将原计划调运处的规划、计划、客户管理、综合统计等职能划入，组建规划计划处；将原计划调运处的铁路运输、水路运输、自备车运营管理、流通费用核定，以及仓储处的公路运输、液体库房管理等职能划入，组建调运处。二是对业务一处、业务四处进行业务整合，整合后的处室为业务一处；对业务二处、业务三处进行业务整合，整合后的处室为业务二处；业务五处更名为业务三处。三是集中公司销售相关结算业务，在不改变各单位事项审批权限的前提下，组建结算处。四是将公司党建工作管理职能由党群工作处调整出来，将绩效考核工作日常管理职能由企管法规处调整出来，一并划入人事处。

7月1日　中共成都市青羊区委区政府发文，西南化工销售分公司被授予青羊区2016年度地方贡献突出企业和青羊区优秀总部企业荣誉称号。【成青委发〔2017〕13号】

7 月 1 日 股份公司批复，同意将计划调运处拆分为规划计划处和调运处；成立结算处；撤销业务四处和业务五处。【中油人力资源系统批复】

8 月 14 日 西南化工销售分公司召开云南石化开工化工产品调运销售条件确认暨动员大会，对云南石化化工产品调运销售准备工作进行全面确认和战前动员，这标志着公司对云南石化化工产品的调运销售工作已经全部准备就绪。

8 月 17 日 炼油与化工分公司副总经理、营销处副处长到安宁调运部进行调研，看望干部员工，现场指导工作，并召开汇报会。

8 月 22 日 下午 14 时 18 分，云南石化首批聚合级丙烯实现公路发运，这是西南化工销售分公司在云南石化投产后首批实现销售和运输的化工产品，标志着公司发展将迎来新的机遇，对公司具有里程碑意义。

8 月 24 日 16 时 48 分，12 节装载石油苯的自备罐车由装卸栈桥缓缓驶出，标志着云南石化首批苯类产品成功实现铁路发运。炼化板块营销处副处长、西南化工销售分公司副总经理、云南石化副总经理参加了发运仪式。红河物流、保运小组相关人员和安宁调运部全体员工共同见证了首批苯类产品铁路发运过程。

8 月 30 至 31 日 股份公司副总裁一行在西南化工销售分公司总经理、副总经理以及云南石化总经理、党委书记的陪同下，先后到安宁调运部和云南分公司调研，看望干部员工，听取公司关于云南石化开工保运工作汇报。

9 月 4 日 西南化工销售分公司与华北化工销售分公司第一期“干部能力素质提升培训班”在西南石油大学成都校区开班，8 日圆满结束，共 68 人参加了学习。西南化工销售分公司总经理、党委书记，华北化工销售分公司总经理亲自带队参加培训。

9 月 30 日 云南石化二甲苯西南区域市场占有率达到 90% 以上，销售结算 6446 吨，计划完成率 129%，直销率达 50% 处于同行领先水平，实现了云南石化二甲苯销售初战告捷。

10 月 13 日 举办“石油魂”宣讲报告会暨“凝心聚力，塑造形象”、岗位讲述活动工作交流会。

10 月 18 日　党的十九大在北京人民大会堂隆重开幕。上午 9 时，西南化工销售分公司领导，各党支部书记、委员在二楼多功能厅通过集中观看或视频收看习近平总书记所作的报告，与此同时，区外分公司、调运部等一线党员、干部，在工作之余，也通过电视、电脑、手机等多种方式收看收听大会盛况。

11 月 1 日　西南化工销售分公司党委召开中心组学习（扩大）会议，通过观看十九大报告解读专题新闻发布会视频，专题学习十九大精神，会议由公司党委书记、总经理主持。

11 月 8 日　云南石化有限公司总经理、副总经理一行 7 人到安宁调运部走访，并与西南化工销售分公司总经理、副总经理和相关处室负责人座谈交流。云南石化总经理代表云南石化公司向西南化工销售分公司赠送锦旗，感谢公司在 1300 万吨 / 年炼油项目开车期间给予的无私帮助。

11 月 16 日　西南化工销售分公司召开党内巡察工作启动会。受公司党委书记、总经理、巡察领导小组组长委托，公司纪委书记、巡察领导小组副组长作动员讲话，对开展党内巡察工作进行了安排部署。

12 月 12 日至 14 日　西南化工销售分公司 2018 年产品订货暨用户座谈会圆满召开。区域内 70 余位受邀的液体客户，46 家固体终端用户和 52 家固体经销商用户分别参会。

12 月 15 日　大连商品交易所工业品事业部总监和西南化工销售分公司总经理为重庆仓储中心期货交割库揭牌，标志着西南地区首家化工产品期货交割库正式运营。

12 月 22 日　西南化工销售分公司党委书记、总经理在调度指挥中心带头宣讲党的十九大精神。此次宣讲活动，是根据中央和集团公司党组的部署要求，按照公司党委安排组织的一次宣讲报告会。

12 月 28 日　西南化工销售分公司统销产品年度销量首次突破 300 万吨，达到 300.3 万吨，预计 2017 全年销量将达到 301 万吨，实现利润约 3.5 亿元。

本年　员工总数 252 人。

二〇一八年

1月3日　西南化工销售分公司新年第一会——安全环保工作会议召开。会议总结2017年安全环保工作，分析存在的问题，全面部署2018年工作。

1月5日　西南化工销售分公司重庆仓储中心期货交割库迎来新年第一单：上海联油国际贸易有限公司通过期货交割平台实现产品交易1500吨，仓储中心首次期货交割业务合作顺利完成。

1月11日　西南化工销售分公司召开2017年度经济活动分析会，从各单位分析情况看，刚刚过去的一年，公司各项指标顺利完成，十大亮点亮出了新高度。

1月18日　西南化工销售分公司总经理一行到云南石化公司就2018年度产销工作进行对接，云南石化总经理参加对接交流会。

1月19日　在调度指挥中心，西南化工销售分公司与四川石化召开2018年产销对接会，公司总经理，四川石化总经理、党委书记一行10人就新的一年产销进行对接交流。

1月29日　西南化工销售分公司召开会议，对集团公司年度工作会议精神进行学习和传达。

1月31日　公司企业文化展厅迎来了首批参观者，西南化工销售分公司领导、职工代表及本部干部员工共计169人进场参观学习，公司团员青年组成的志愿讲解团队分批次进行了参观的讲解。

2月1日　西南化工销售分公司召开2018年工作会议暨三届三次职工代表大会。

2月5日　根据总经理在周经营例会上对节前工作的安排和部署，西南化工销售分公司质量安全环保处、调运处一行四人，在副总经理的带领下对第三方液体保管库（朱杨溪）及重庆仓储中心开展安全检查。

2月7日　新年首月，西南化工销售分公司迎来销售经营“开门红”。当月实现销售化工产品35.68万吨，首次月销量超30万吨大关。

2月7日　西南化工销售分公司劳动保护用品完成采购，这是2018年、也是线上采购的首单业务。这标志着物资采购管理信息系统正式上线，自此，公司物资采购业务信息化管理迈上了新的台阶。

2月8日　西南化工销售分公司召开对分公司利润考核双轨制评价启动会。

2月9日　西南化工销售分公司总经理、党委书记，副总经理一行来四川分公司组织召开专题会议，调研指导工作、听取工作汇报、慰问广大干部员工。

2月9日　西南化工销售分公司纪委书记主持召开2018年第一次监督部门联席会议。

2月11日　西南化工销售分公司总经理、党委书记，副总经理兼安全总监一行到彭州调运部调研指导工作，听取工作汇报、慰问广大干部员工。

2月11日　2017年西南化工销售分公司因成功推广和销售T4401产品而荣获集团公司科学技术进步二等奖。

2月24日　西南化工销售分公司组织开展营销专题培训，副总经理带头授课，从环境分析、指导思想、主要目标、总体原则、重要举措等5个方面阐述了公司2018年营销重点工作。

2月26日　西南化工销售分公司召开党风廉政建设和反腐败工作大会，认真落实十九届中央纪委二次全会和集团公司党风廉政建设和反腐败工作会议总体部署，总结公司2017年党风廉政建设和反腐败工作，安排2018年任务，动员全体党员干部践行新要求、实现新作为，为公司高质量发展提供坚强保证。

2月27日　西南化工销售分公司总经理、党委书记一行前往贵州分公司进行调研，听取工作汇报、慰问广大干部员工，总经理办公室、技术服务处、业务二处负责人陪同调研。

2月28日　西南化工销售分公司总经理到重庆分公司、仓储中心调研，看望慰问一线员工，听取工作汇报，就工作中存在的问题给予解答和指导。

3月2日　西南化工销售分公司召开突出抓好“四个精准”深化全面对标工作推动会，落实公司工作会议精神，全面部署“四个精准”工作。公司各处室、分公司、调运部负责人参加会议。

3 月 14 日 集团公司副总经理、安全总监一行到西南化工销售分公司调研指导工作。

3 月 15 日 西南化工销售分公司各党支部以支部为单位组织召开了专题 2017 年度组织生活会，公司各支部书记、委员及中层党员干部参加。同时，西南化工销售分公司总经理一行赴兰州石化产销衔接并到西北化工销售分公司进行工作交流。

3 月 16 日至 17 日 西南化工销售分公司总经理一行赴独山子石化产销衔接并到中油运输公司进行工作交流。

3 月 19 日 经西南化工销售分公司领导审定同意，修订后的《重庆仓储中心操作规程》(第二版)正式发布实施，标志着重庆仓储中心规范化建设和创新管理工作迈上新台阶。

3 月 19 日 西南化工销售分公司在二楼多功能厅召开党支部达标晋级工作推进会。

3 月 22 日至 24 日 西南化工销售分公司总经理一行赴华南化工销售、金发科技集团、广州培训中心进行工作交流。

3 月 28 日 西南化工销售分公司决定：王树伟任市场信息与价格处处长；满万江任湖南分公司经理；董均任仓储处副处长（正科级）兼重庆仓储中心副主任；杨商艺任重庆分公司副经理；陈坤任湖南分公司副经理。【西南化销〔2018〕9 号】

3 月 30 日 西南化工销售分公司总经理一行到湖南分公司调研，看望分公司员工，宣布湖南分公司领导班子成员任职决定，并召开了工作座谈会。

4 月 2 日 西南化工销售分公司在二楼多功能厅召开 2018 年营销业务推进培训会。

4 月 9 日至 12 日 板块审核组一行 7 人，对西南化工销售分公司贵州分公司、重庆分公司、重庆仓储中心和公司总部进行了量化体系审核。审核共发现 19 项问题。

4 月 16 日 西南化工销售分公司召开一季度经营活动分析会，总结分析一季度经营情况，安排部署二季度工作。

4月20日　西南化工销售分公司总经理一行到陕西分公司调研，看望分公司员工，召开座谈会并听取工作汇报。

5月4日　西南化工销售分公司举行首届“青年先锋”颁奖典礼。

5月3日至7日　独山子石化公司总经理一行7人来西南化工销售分公司交流。公司总经理、副总经理、总经理助理及相关处室、分公司负责人在调度指挥中心参加了交流座谈及相关的市场调研走访活动。

5月8日　西南化工销售分公司总经理、副总经理到安宁调运部检查指导工作，看望干部员工，听取调运部负责人工作汇报。

5月11日　西南化工销售分公司召开质量管理体认证审核末次会议。会上，审核组组长通报了审核情况，认为公司质量管理体系能够按策划的要求运行，基本保持了持续的符合性和有效性，运行基本符合，推荐通过认证。

5月16日　2018年四川石化产品典型用户座谈会在四川石化召开。

5月17日　西南化工销售分公司在调度指挥中心召开“找差距、理思路、定措施”工作研讨会，公司领导，机关各处室中层干部，分公司主要负责人现场参会，区外分公司、调运部通过视频参会。

5月23日　29吨聚丙烯树脂在云南腾骏库房装车发运，次日到达云南瑞丽姐告口岸并完成交付，正式进入缅甸市场。这标志着西南化工销售分公司化工产品首次直接出口东南亚市场。

5月21日至5日　西南化工销售分公司携手华南化工销售分公司在广州培训中心举办中层干部培训班（第一期），两家企业共计51名中层干部参加学习。

5月29日　2018年四川石化有机化工产品重点用户座谈会在西南化工销售分公司召开。

5月30日　西南化工销售分公司在二楼多功能厅召开“凝心聚力、塑造形象”主题活动推进会。

6月4日至5日　西南化工销售分公司总经理一行赴南充市对四川鑫达

企业集团有限公司、南充联成化学工业有限公司、四川晟达化学新材料公司进行实地调研走访。

6月13日　根据信息管理部和板块深化系统应用要求，规划计划处邀请中石油规划院CRM项目组老师开展深化应用培训及技术支持。

6月13日　西南化工销售分公司总经理带领区域用户四川东材料科技集团公司赴辽阳石化公司进行工作交流。

6月14日　按集团公司党建信息化平台建设要求，西南化工销售分公司党委组织部组织开展党建信息化平台培训。

6月21日　华东化工销售分公司总经理、副总经理一行6人来公司进行业务交流。

6月22日　西南化工销售分公司在多功能厅举办突发事件处置知识讲座。

6月22日　四川省经信委化工处副处长、南充市政府副市长一行来西南化工销售分公司就南充晟达PTA项目原料供应相关事宜进行了沟通交流。

6月26日　西南化工销售分公司总经理一行赴中国石化化工销售有限公司华中分公司，与华中公司总经理等领导和相关部门负责人进行工作交流。

6月29日　西南化工销售分公司党委在二楼多功能厅隆重召开全体党员大会，庆祝建党97周年，川外各分公司设分会场。

7月5日至8日　西南化工销售分公司组织西南区域十大重点终端客户共16人，赴独山子石化公司进行考察交流。

7月10至14日　西南化工销售分公司总经理带领区域典型用户先后赴抚顺石化、大庆石化、大庆炼化、吉林石化进行产销衔接和工作交流，重点围绕各生产企业优势特色产品与新产品开发推广进行对接交流，典型用户对产品使用情况、未来需求及产销建议进行了介绍，产销用三方达成系列共识。

7月24日　川渝地区石油企业协调组2018年第二次工作会议在西南化工销售分公司调度指挥中心召开，协调组组长、西南油气田公司总经理、党委书记主持会议。

8月7日 西南化工销售分公司召开2018年领导干部会议，认真传达贯彻集团公司2018年领导干部会议精神。

8月8日 为贯彻落实中央全面依法治国战略的要求，健全完善法律风险防范机制和内部控制体系，加强合规管理和法律监督，全面推进依法治企，西南化工销售分公司党委决定，刘丽华兼任公司总法律顾问。【西南化销〔2018〕18号】

8月31日 西南化工销售分公司组织开展了“问题与对策”专题研讨活动，并已取得初步成果。

8月30日 西南化工销售分公司组织开展的合理化建议集中征集活动圆满结束。本次活动得到公司全体干部员工的积极响应，自征集通知发出后仅两周时间，党群工作处即收到建议131条，较过去同类活动收到的建议增幅在50%以上。

9月11日至12日 集团公司在成都召开物资、招标和装备管理工作现场会。

9月28日 炼油与化工分公司总会计师到公司调研，听取西南化工销售分公司工作汇报，并参观了公司企业文化展厅。

9月25日至30日 西南化工销售分公司在北京石油管理干部学院举办青年业务骨干培训班，各部门和各单位共计35名青年骨干参加学习。

10月8日 西南化工销售分公司在调度指挥中心召开会议，传达贯彻炼化板块于9月26至27日在广州召开的化工营销研讨会精神。

10月12日 经研究并商得中共四川省委同意，集团公司党组决定：刘国强同志任西南化工销售分公司党委委员。【中油党组〔2018〕175号】

10月12日 经研究并商得中共四川省委同意，股份公司决定：刘国强任西南化工销售分公司副总经理。【石油任〔2018〕266号】

10月15日 西南化工销售分公司决定：免去王玉霞企管法规处（质量安全环保处）副处长职务。【西南化销〔2018〕28号】

10月15日 西南化工销售分公司在调度指挥中心召开三季度经营活动分析会，全面总结分析公司前9个月经营管理工作。

10 月 19 日 西南化工销售分公司管材料典型用户座谈会在调度指挥中心召开。

10 月 23 日 继 19 日区域内管材料典型用户座谈会后，西南化工销售分公司又在调度指挥中心召开大客户研讨交流会。

10 月 24 日 西南化工销售分公司召开“凝心聚力、塑造形象”主题活动报告会。

10 月 26 日 炼油与化工分公司决定，将陕西省销售区域由西南化工销售分公司管理调整为由西北化工销售分公司管理，销售区域划转实行成建制整体划转。【油炼化〔2018〕201 号】

10 月 31 日 西南化工销售分公司举办保密知识与警示教育讲座。这是“公司安全保密宣传周”活动方案的重要组成部分，邀请了原四川省委保密办（省国家保密局）副主任（副局长）为全体干部员工授课。

11 月 13 日 南充市委副书记、市长，副市长一行来西南化工销售分公司，重点就南充晟达化学 PTA 项目原料供应事宜进行了洽谈。随同前来洽谈交流的有南充经济开发区、四川省能源投资集团有限责任公司、四川能投化学新材料有限公司等单位领导及有关人员。

11 月 14 日 集团公司政策研究室主任一行 4 人来西南化工销售分公司调研，与公司总经理、党委书记进行了访谈交流。

11 月 22 至 23 日 按照集团公司深入推进三项制度改革要求和相关工作安排，西南化工销售分公司召开岗位价值评审工作会，选取各单位中层干部和员工代表组共计 44 人组成专家评审组，对公司 162 个岗位进行评价。

11 月 23 日 中国铁路成都局集团公司党委书记、董事长一行 7 人来西南化工销售分公司开展铁路运输工作交流座谈。

11 月 22 日至 24 日 集团公司党组书记、董事长在参加全国政协暨地方政协经济委员会工作研讨会期间，与驻川石油石化企业负责人进行座谈。

12 月 3 日 西南化工销售分公司机关桌球比赛落下帷幕，标志着公司 2018 年球类及棋牌比赛活动圆满结束。

12 月 6 日 西南化工销售分总经理带队赴云南石化开展业务交流和

2019 年产销衔接，云南石化金彦江总经理参加会谈。

12 月 7 日 西南化工销售分公司总经理一行到云南分公司调研，看望分公司全体员工，听取了分公司工作汇报。

12 月 12 日 西南化工销售分公司召开 2018—2019 年有机化工产品客户座谈会。四川石化、云南石化、乌鲁木齐石化、昆仑银行西安分行、隆众信息网及川渝 35 家有机化工产品客户参加了座谈会。

12 月 12 日 西南化工销售分公司 2018 年财务决算布置暨财务管理工作会议公司在公司召开。

12 月 13 日至 15 日 西南化工销售分公司在四川省委党校举办十九大精神及党务知识培训班。

12 月 19 日至 21 日 西南化工销售分总经理带队赴西北化工销售、兰州石化和独山子石化开展业务交流和 2019 年产销衔接。

12 月 25 日 西南化工销售分公司与西北化工销售分公司在西安就陕西销售区域的划转工作举行签字交接仪式。

12 月 27 日 重庆市涪陵区区长带领蓬威石化等一行 8 人来西南化工销售分公司就区内厂家蓬威石化 2019 年与公司对二甲苯合作事宜进行座谈。

12 月 28 日 西南化工销售分公司推荐的彭州党支部《认清新形势、肩负新任务、明确新目标、实现新作为》获“优秀宣讲课件”；高小盾同志被评为“优秀宣讲员”。

本年 员工人数 242 人。

出版说明

为充分发挥组织史“资政、存史、育人、交流”的作用，2012 年 3 月，中国石油天然气集团公司（以下简称集团公司）全面启动《中国石油组织史资料》的编纂工作，并明确由集团公司人事部负责具体牵头组织。《中国石油组织史资料》系列图书分总部卷、企业卷、基层卷三个层次进行编纂出版。首次编纂出版以本单位成立时间作为编纂上限，以本单位编纂时统一规定的截止时间为编纂下限。

《中国石油组织史资料》总部卷由集团公司人力资源部负责组织编纂，石油工业出版社负责具体承办。总部卷（1949—2013）卷本分第一卷、第二卷、第三卷和附卷一、附卷二共五卷九册，于 2014 年 12 月出版。2021 年，集团公司决定对《中国石油组织史资料（1949—2013）》进行补充与勘误，并在此基础上将编纂时间下限延至 2020 年 12 月。《中国石油组织史资料（1949—2020）》卷本分第一卷、第二卷、第三卷、第四卷和附卷一、附卷二共六卷十二册，于 2021 年 6 月正式付梓。此后，总部卷每 5 年续编出版一卷。

《中国石油组织史资料》企业卷系列图书，由各企事业单位人事部门负责牵头组织编纂，报集团公司人力资源部编纂办公室规范性审查后，由石油工业出版社统一出版。企业卷规范性审查由集团公司人力资源部编纂办公室冀宇飞、于维海、麻永超负责组织，图书出版统筹由石油工业出版社组织史编辑部李廷璐负责，由鲁恒、孙卓凡、李昕航、孟海军、胡静具体负责。企业卷首次续编一般按“2014—2015”和“2014—2018”两种方案编纂出版，此后每 5 年续编出版一卷。

《中国石油组织史资料》基层卷由各企事业单位人事（史志）部门负责组织下属单位与企业卷同步编纂，并报集团公司人力资源部编纂办公室备案，由石油工业出版社组织史编辑部负责提供具体出版和技术支持。

企业卷统一出版代码：

CNPC-YT——油气田企业

CNPC-LH——炼化企业

CNPC-XS——成品油销售企业

CNPC-GD——天然气与管道企业

CNPC-HW——海外企业

CNPC-GC——工程技术企业

CNPC-JS——工程建设企业

CNPC-ZB——装备制造企业

CNPC-KY——科研单位

CNPC-QT——金融经营服务等企业

编纂《中国石油组织史资料》系列图书是集团公司组织人事和基础管理建设工作的大事，是一项政策性、业务性、技术性、规范性很强的业务工作，是一项艰巨浩繁的系统工程。该系列图书以企业的组织沿革为线索，收录了编纂时限内各级党政组织的成立、更名、发展、撤并以及领导干部变动情况等内容，为企业“资政、存史、育人、交流”提供了可信的依据。这套系统、完整的中国石油组织史资料，既丰富了石油企业的历史资料，又增添了国家的工业企业史资料，不仅为组织人事、史志研究、档案管理等部门从事有关业务提供了诸多便利，而且为体制改革和机构调整提供了历史借鉴。在此，谨向对该套图书出版工作给予支持和帮助的所有单位和人员表示衷心的感谢！

由于掌握资料和编纂者水平有限，丛书难免存有错漏，恳请读者批评指正。对总部卷的意见建议请联系集团公司人力资源部编纂办公室或石油工业出版社组织史编辑部；对各单位企业卷、基层卷的意见建议请联系各单位编纂组或组织史资料编辑部。对书中错漏之处我们将统一在下一卷续编时一并修改完善。

中国石油组织史资料编纂办公室联系方式
联系单位：中国石油天然气集团有限公司人力资源部综合处
通信地址：北京市东直门北大街 9 号石油大厦 C1103，100007
联系电话：010-59984340　59984721，传真：010-62095679
电子邮箱：rsbzhc@cnpc.com.cn

中国石油组织史编辑部联系方式
联系单位：石油工业出版社人力资源出版中心
通信地址：北京市朝阳区安华西里三区 18 号楼 201，100011
联系电话：010-64523611　62067197
电子邮箱：cnpczzs@cnpc.com.cn

《中国石油组织史资料》系列图书目录

总部卷			
编号	书名	编号	书名
第一卷	国家部委时期（1949—1988）（上中下）	第四卷	中国石油天然气集团公司—中国石油天然气集团有限公司（2014—2020）（上中下）
第二卷	中国石油天然气总公司（1988—1998）	附卷一	组织人事大事纪要（1949—2020）（上下）
第三卷	中国石油天然气集团公司（1998—2013）（上下）	附卷二	文献资料选编（1949—2020）

续表

企业卷			
编号	书名	编号	书名
油气田企业（16）			
CNPC-YT01	大庆油田组织史资料	CNPC-YT09	青海油田组织史资料
CNPC-YT02	辽河油田组织史资料	CNPC-YT10	华北油田组织史资料
CNPC-YT03	长庆油田组织史资料	CNPC-YT11	吐哈油田组织史资料
CNPC-YT04	塔里木油田组织史资料	CNPC-YT12	冀东油田组织史资料
CNPC-YT05	新疆油田组织史资料	CNPC-YT13	玉门油田组织史资料
CNPC-YT06	西南油气田组织史资料	CNPC-YT14	浙江油田组织史资料
CNPC-YT07	吉林油田组织史资料	CNPC-YT15	煤层气公司组织史资料
CNPC-YT08	大港油田组织史资料	CNPC-YT16	南方石油勘探开发公司组织史资料
炼油化工单位和海外企业（32）			
CNPC-LH01	大庆石化组织史资料	CNPC-LH17	华北石化组织史资料
CNPC-LH02	吉林石化组织史资料	CNPC-LH18	呼和浩特石化组织史资料
CNPC-LH03	抚顺石化组织史资料	CNPC-LH19	辽河石化组织史资料
CNPC-LH04	辽阳石化组织史资料	CNPC-LH20	长庆石化组织史资料
CNPC-LH05	兰州石化组织史资料	CNPC-LH21	克拉玛依石化组织史资料
CNPC-LH06	独山子石化组织史资料	CNPC-LH22	庆阳石化组织史资料
CNPC-LH07	乌鲁木齐石化组织史资料	CNPC-LH23	前郭石化组织史资料
CNPC-LH08	宁夏石化组织史资料	CNPC-LH24	东北化工销售组织史资料
CNPC-LH09	大连石化组织史资料	CNPC-LH25	西北化工销售组织史资料
CNPC-LH10	锦州石化组织史资料	CNPC-LH26	华东化工销售组织史资料
CNPC-LH11	锦西石化组织史资料	CNPC-LH27	华北化工销售组织史资料
CNPC-LH12	大庆炼化组织史资料	CNPC-LH28	华南化工销售组织史资料
CNPC-LH13	哈尔滨石化组织史资料	CNPC-LH29	西南化工销售组织史资料
CNPC-LH14	广西石化组织史资料	CNPC-LH30	大连西太组织史资料
CNPC-LH15	四川石化组织史资料	CNPC-LH31	广东石化组织史资料
CNPC-LH16	大港石化组织史资料	CNPC-HW01	中国石油海外业务卷
成品油销售企业（37）			
CNPC-XS01	东北销售组织史资料	CNPC-XS13	河北销售组织史资料
CNPC-XS02	西北销售组织史资料	CNPC-XS14	山西销售组织史资料
CNPC-XS03	华北销售暨北京销售组织史资料	CNPC-XS15	内蒙古销售组织史资料
CNPC-XS04	上海销售组织史资料	CNPC-XS16	陕西销售组织史资料
CNPC-XS05	湖北销售组织史资料	CNPC-XS17	甘肃销售组织史资料
CNPC-XS06	广东销售组织史资料	CNPC-XS18	青海销售组织史资料
CNPC-XS07	云南销售组织史资料	CNPC-XS19	宁夏销售组织史资料
CNPC-XS08	辽宁销售组织史资料	CNPC-XS20	新疆销售组织史资料
CNPC-XS09	吉林销售组织史资料	CNPC-XS21	重庆销售组织史资料
CNPC-XS10	黑龙江销售组织史资料	CNPC-XS22	四川销售组织史资料
CNPC-XS11	大连销售组织史资料	CNPC-XS23	贵州销售组织史资料
CNPC-XS12	天津销售组织史资料	CNPC-XS24	西藏销售组织史资料

续表

编号	书名	编号	书名
CNPC-XS25	江苏销售组织史资料	CNPC-XS32	湖南销售组织史资料
CNPC-XS26	浙江销售组织史资料	CNPC-XS33	广西销售组织史资料
CNPC-XS27	安徽销售组织史资料	CNPC-XS34	海南销售组织史资料
CNPC-XS28	福建销售组织史资料	CNPC-XS35	润滑油公司组织史资料
CNPC-XS29	江西销售组织史资料	CNPC-XS36	燃料油公司组织史资料
CNPC-XS30	山东销售组织史资料	CNPC-XS37	大连海运组织史资料
CNPC-XS31	河南销售组织史资料		
天然气管道企业（13）			
CNPC-GD01	北京油气调控中心组织史资料	CNPC-GD08	京唐液化天然气公司组织史资料
CNPC-GD02	管道建设项目经理部组织史资料	CNPC-GD09	大连液化天然气公司组织史资料
CNPC-GD03	管道公司组织史资料	CNPC-GD10	江苏液化天然气公司组织史资料
CNPC-GD04	西气东输管道公司组织史资料	CNPC-GD11	华北天然气销售公司组织史资料
CNPC-GD05	北京天然气管道公司组织史资料	CNPC-GD12	昆仑燃气公司组织史资料
CNPC-GD06	西部管道公司组织史资料	CNPC-GD13	昆仑能源公司组织史资料
CNPC-GD07	西南管道公司组织史资料		
工程技术企业（7）			
CNPC-GC01	西部钻探公司组织史资料	CNPC-GC05	东方物探公司组织史资料
CNPC-GC02	长城钻探公司组织史资料	CNPC-GC06	测井公司组织史资料
CNPC-GC03	渤海钻探公司组织史资料	CNPC-GC07	海洋工程公司组织史资料
CNPC-GC04	川庆钻探公司组织史资料		
工程建设企业（8）			
CNPC-JS01	管道局组织史资料	CNPC-JS05	中国昆仑工程公司组织史资料
CNPC-JS02	工程建设公司组织史资料	CNPC-JS06	东北炼化工程公司组织史资料
CNPC-JS03	工程设计公司组织史资料	CNPC-JS07	第一建设公司组织史资料
CNPC-JS04	中国寰球工程公司组织史资料	CNPC-JS08	第七建设公司组织史资料
装备制造和科研企业（12）			
CNPC-ZB01	技术开发公司组织史资料	CNPC-KY02	规划总院组织史资料
CNPC-ZB02	宝鸡石油机械公司组织史资料	CNPC-KY03	石油化工研究院组织史资料
CNPC-ZB03	宝鸡石油钢管公司组织史资料	CNPC-KY04	经济技术研究院组织史资料
CNPC-ZB04	济柴动力总厂组织史资料	CNPC-KY05	钻井工程技术研究院组织史资料
CNPC-ZB05	渤海石油装备公司组织史资料	CNPC-KY06	安全环保技术研究院组织史资料
CNPC-KY01	勘探开发研究院组织史资料	CNPC-KY07	石油管工程技术研究院组织史资料
金融经营服务及其他企业（14）			
CNPC-QT01	北京石油管理干部学院组织史资料	CNPC-QT08	运输公司组织史资料
CNPC-QT02	石油工业出版社组织史资料	CNPC-QT09	中国华油集团公司组织史资料
CNPC-QT03	中国石油报社组织史资料	CNPC-QT10	华油北京服务总公司组织史资料
CNPC-QT04	审计服务中心组织史资料	CNPC-QT11	昆仑信托中油资产组织史资料
CNPC-QT05	广州培训中心组织史资料	CNPC-QT12	中油财务公司组织史资料
CNPC-QT06	国际事业公司组织史资料	CNPC-QT13	昆仑银行组织史资料
CNPC-QT07	物资公司组织史资料	CNPC-QT14	昆仑金融租赁公司组织史资料